Massimo Lanotte

Sentiamoci

Come Aumentare il Business dei Centri
Acustici Indipendenti in 5 Passi

Audilan Business Control

Massimo Lanotte

www.audilan.it

Sentiamoci
**Come Aumentare il Business dei Centri
Acustici Indipendenti in 5 Passi**

Copyright © 2019 **Massimo Lanotte**
Tutti i diritti riservati.

1ª edizione **Settembre 2019**

ISBN: 9781697606744

Pubblicato con

Moltiplica gli Utili del Tuo Business
con il Miglior strumento di Marketing e Branding.
Il tuo Libro in Soli 17 Giorni.
BOOKNESS
www.bookness.

A mia moglie Angiola,
senza la quale nulla sarebbe stato possibile.

A mia mamma,
che pur nella sua attuale situazione,
mi sta regalando la forza e la tranquillità
di lasciare una testimonianza.

A Laura, Luca, Andrea e Marco,
per tutto ciò che mi stanno regalando.

Un grazie particolare va ad Alice
per aver contribuito alla mia copertina.

Indice

Prefazione

di *Angiola Maria Scibona*

Quando, anni fa, ho chiesto a Massimo di dirmi come mai aveva scelto la parola Audilan come nome del software che aveva ideato, mi ha risposto che quel nome era composto da due parole: AUDI-LAN.

AUDI come audiologia, audioprotesista, audiometria, audio-protesi, insomma tutto ciò che riguarda il mondo di chi si occupa di risolvere i problemi della sordità. Tutto ciò che riguarda il lavoro dei centri audioprotesici.

LAN non solo come la parte iniziale del suo cognome Lanotte ma anche per l'acronimo di Local Area Network.

Storicamente si tratta delle prime tipologie di reti locali informatiche prodotte al mondo per semplicità di realizzazione e a costi sostenibili anche da piccoli imprenditori o privati.

Un tributo sicuramente al suo passato, in quanto fu uno dei primi in Italia a portare in grandi aziende l'utilizzo "connesso" di personal computer che non era ancora apparso sia nelle filiali bancarie e neanche in altre importanti imprese. Il concetto di rete locale e di condivisione di risorse comuni non faceva ancora parte della cultura del momento e non si intravedevano i benefici che avrebbe comportato.

LAN: rete intesa anche come collegamento tra imprenditori dello stesso settore. La filosofia di Massimo è quella di condivisione e di crescita. Infatti il software Audilan è cresciuto anche grazie all'apporto delle esperienze di tanti colleghi. Ognuno ha esposto le sue richieste operative che poi sono state sviluppate nel programma a beneficio di tutti. Si è così creata una rete di imprenditori dove si può mettere a confronto esperienze, condividere competenze e imparare dalle idee altrui e da come si comportano gli altri in particolari situazioni. Ogni utilizzatore di Audilan si può considerare una risorsa potenziale preziosa per lo sviluppo del software e di conseguenza per la crescita del proprio business.

Audilan è diventato così anche un approccio di marketing efficace e strategico, visualizza i dati che permettono di poter valutare attentamente le possibilità per cogliere le opportunità considerandone i rischi, a fronte di dati ben precisi. Essere consapevoli del risultato del proprio lavoro significa essere consapevoli di esistere ed essere padroni della propria realtà, decidendone le sorti e non subendole.

La situazione in cui stiamo vivendo a livello globale è estremamente imprevedibile e in veloce mutazione, caratterizzata da tecnologie sempre più innovative e nuovi valori sociali. Se gli imprenditori vogliono evitare di essere prede di concorrenti più strutturati e più forti economicamente, alloro diventa necessario dotarsi di nuove capacità. Le piccole imprese, per quanto datate, non hanno le ampie relazioni, le strutture organizzative e le possibilità d'investimento delle grandi imprese e dei grandi gruppi. Oggi la percentuale di crescita delle catene in Italia è a due cifre rispetto alle imprese indipendenti.

D'altro canto i Centri Acustici Indipendenti riescono ad assorbire meglio gli urti momentanei. Sono più liberi di modificare le loro strategie, i prezzi, per adeguarsi e superare momenti di crisi. Riescono a coltivare relazioni più confidenziali e fidelizzare di più i loro clienti.

Nel nostro settore stanno facendo la loro entrata anche molti giovani, o per cambio generazionale o perché questo settore, più conosciuto rispetto ad anni fa, sta attirando più ragazzi che scelgono questa professione. E questi giovani hanno una risorsa strategica in più, sono nati con il digitale e hanno molta familiarità con le informazioni tecnologiche. Le informazioni tecnologiche per le loro imprese sono un vero valore aggiunto che le favorisce e le avvantaggia.

Quello che mi è piaciuto, leggendo il libro, è che non racconta in modo sterile le fasi del programma, come in un manuale, ma fa capire la logica del perché certe procedure sono state introdotte, a che risultato portano e per quale obiettivo sono utili. Rafforza il legame tra l'imprenditore o l'imprenditrice e la sua impresa.

È un software che offre consulenza. Ogni richiesta di modifica da parte dei clienti ha arricchito di esperienze di successo Audilan che efficacemente ha messo a frutto i valori delle imprese, fornendo procedure che guidano nei processi gli utilizzatori, offrendo anche consulenza alle altre società di ogni dimensione. Ogni implementazione del software è pensata come un'opportunità meravigliosa che rende possibile l'intreccio tra la dimensione individuale del singolo centro acustico e la sua dimensione organizzativa che, con consigli saggi, aiuta a superare le fasi lavorative del nostro settore.

Chi opera da anni in questo mercato appartiene sicuramente a un gruppo di persone esperte che hanno avuto una formazione universitaria, una formazione di gestione aziendale in grado di creare relazioni utili alla propria crescita. Tutti questi aspetti e molti altri sono entrati in Audilan così che tutti possano trarre enormi benefici utilizzandolo: un software che fa crescere le aziende del settore e crea un valore condiviso.

Creare valore e condividerlo è la strategia principale che può garantirci un futuro come comunità globale e come insieme di imprese indipendenti in grado di difendersi dalla concorrenza sempre più aggressiva delle grosse catene.

Il successo di noi indipendenti richiede un orientamento strategico sviluppato in una prospettiva responsabile e di competenza dove poterci distinguere, questa è la nostra differenza con le grandi organizzazioni e passa anche dal dotarsi degli stessi strumenti che hanno permesso loro di crescere e strutturarsi in catene.

Audilan può essere una risposta per molti. Può rappresentare una guida per gli operatori che lo utilizzano, adottando un comportamento operativo che li porta naturalmente verso risultati che possono realmente costruire brand forti e capaci di competere con successo sul mercato.

Auguro a tutti i colleghi audioprotesisti e ai loro collaboratori di lasciarsi ispirare dalle pagine di questo libro per continuare ad accrescere le proprie competenze e a confermare gli elevati standard dei servizi offerti ai propri pazienti.

1

Introduzione

Novembre 2006.

Una tranquilla e serena serata, come tante.

Un divano, una poltrona e un film in TV.

Il film non lo ricordo, forse perché quella sera faceva da cornice.

Quella sera non ne avevo la consapevolezza ma quello che stava per iniziare era un altro film.

Mia moglie Angiola, molto conosciuta dai suoi colleghi nel campo dei centri acustici a Milano e oltre, mi dice: «Massimo, ho un problema che non riesco a risolvere. Mi trovo a gestire un software gestionale che se va bene, utilizzo al 10%. Tutto il resto lo faccio con una marea di file excel: le fatture, i clienti convenzionati Asl, il diario di ogni paziente. Ogni volta devo ripetere su ogni foglio sempre gli stessi dati. Ho dieci fogli excel sparsi sul computer. Basta. Sto usando un'applicazione specifica ma che non interpreta le mie necessità. Non so se sto guadagnando, se il mio fatturato è sufficiente a coprire le mie spese con il giusto margine».

Continua dicendo: «Se riesco a sapere qualcosa sull'andamento del mio centro acustico, lo so quando il mio commercialista mi chiude i periodi di legge fiscalmente utili. Non ho le informazioni che mi servono quando ne ho bisogno. Do tutto al mio commercialista ma non so come sta andando il mio centro acustico. Non riesco a sapere quello di cui ho bisogno».

Aggiunge: «Il tempo ormai non mi basta più. Non riesco a concentrarmi sulle nuove idee e su come far crescere il mio centro acustico. Sono sempre sui clienti, sulla vendita e quando arriva sera sono così stanca che a pensare di fare i conti mi viene lo sconforto. A volte evito di guardare la mia posta elettronica per non scoprire quella marea di documenti che il mio commercialista mi chiede. Per carità, lui ha ragione, ma se avessi almeno un po' di informazioni utili alla mia attività in cambio di tutto quello che gli fornisco... Vorrei avere il tempo a fine giornata di poter coltivare la mia prima passione, dipingere».

Continua: «Sono convinta che se riesco a dare spazio alle mie altre passioni, anche il risultato aziendale ne trarrebbe vantaggio, oltre al mio spirito. Non so se c'è una soluzione a tutto questo, se un click possa risolvere i miei problemi, le mie frustrazioni. Vorrei trovare un modo, veloce e semplice, per poter vedere i risultati economici del mio centro acustico con un click, senza dover inventarmi chissà quali statistiche per sapere se sto guadagnando oppure no».

Giù un elenco infinito di desideri legittimi.

Il film era finito da un pezzo.

Lo schermo era diventato blu.

Erano le tre del mattino.

Quella sera iniziò la nostra storia professionale.

L'altra storia, quella più importante, era nata ovviamente prima di quella serata. Era nata quando i nostri sguardi si sono trovati e mai più lasciati. Ma questo ovviamente è il nostro diario che lasceremo sfogliare ai nostri figli e che eventualmente racconteremo ai nostri nipoti.

Certamente l'ingrediente più forte che ci ha accompagnati in questa avventura è stato l'amore e la complicità di risolvere un problema.

Lei conosceva bene il suo mestiere e io potevo aiutarla con l'esperienza che avevo nel campo organizzativo e informatico.

Il resto degli ingredienti sono stati la voglia e la passione di risolvere e occuparsi dell'altro, lasciando una traccia utile per tutti.

Ma torniamo al punto e all'obiettivo che mi ero prefissato di risolvere.

Trovare un sistema e un metodo che potesse accompagnare l'imprenditore a svolgere la sua missione aziendale, senza perdere il controllo e la visibilità del suo centro acustico.

Dovevo trovare un metodo, ma anche uno strumento software, che non rappresentasse un problema per l'operatività quotidiana del centro.

Un sistema gestionale che interpretasse l'attività nel suo complesso, entrando in punta di piedi all'interno del centro acustico.

Il metodo doveva essere rappresentativo di tutte le funzioni e i ruoli presenti all'interno del centro acustico, in modo che tutti potessero contribuire al risultato finale.

Un sistema e un metodo da non abbandonare ma da risultare di aiuto e supporto all'attività di tutti.

Questa era la mia sfida.

Fornire all'imprenditore del Centro Acustico Indipendente un software gestionale come strumento e guida utile al suo business, attraverso una metodologia.

Insomma un software e un metodo che lo aiutasse a vendere meglio e a comprendere subito la marginalità del suo centro.

Con questo libro racconto la metodologia della Piramide del valore e i 5 passi essenziali che mi hanno portato alla definizione di questo sistema gestionale.

Il metodo inizia a prender forma nel 2006 come raccontavo all'inizio di questo percorso.

Successivamente si è perfezionato sul campo, all'interno del centro acustico di mia moglie, e oggi il software è presente in varie realtà in Italia e all'estero.

Il metodo racconta il viaggio che fa il cliente all'interno del centro acustico, dal suo ingresso fino alla soluzione riabilitativa e alla vendita.

Attraverso la lettura di questa storia scoprirai i segreti che portano l'imprenditore a gestire al meglio i suoi clienti, a governare e controllare il business del suo centro acustico in modo semplice ed efficace.

Ti racconterò come si è formato questo metodo e come si è concretizzato all'interno di un software che potrai utilizzare anche tu con successo.

Non devi fare altro che concentrarti su cinque semplici passaggi dove i tuoi collaboratori, all'interno del tuo centro acustico, ti forniranno le informazioni che ti serviranno, mentre lavorano.

Informazioni essenziali per raggiungere il risultato che cerchi: conoscere il tuo centro acustico per governarlo verso il successo per sentirti libero di coltivare le tue passioni.

Ma andiamo con ordine.

Voglio comunicarti alcuni passaggi importanti che mi hanno portato a raccontarti la mia storia.

Quando facevo il consulente e cresceva la mia esperienza professionale, mi sembrava in quel momento che il valore che stavo fornendo ai miei clienti si esaurisse in quell'istante.

In quel momento non avevo quella consapevolezza.

Con il tempo ho compreso che quello che stavo vivendo in quell'istante, sarebbe venuto inevitabilmente a galla.

Infatti arriva, prima o poi, un momento della tua vita che quello che ti hanno insegnato hai voglia di renderlo, il sogno di poter lasciare una traccia, un segno della tua esperienza, in qualsiasi campo, in qualsiasi contesto.

Questo è un po' il testimone che mi sento di lasciare a tutti i giovani che iniziano nel mondo del lavoro.

Se quello che state facendo adesso lo fate per voi stessi, fatelo, ma con la consapevolezza di vivere la gioia, un giorno, di poter trasmettere la vostra esperienza.

Nel piccolo è un modo per pensare a un mondo migliore dove tu, questa volta, sei stato protagonista.

I libri non si buttano mai, dicono, e quindi immagino il mio in una libreria, o in soffitta non importa, o in una bancarella sui Navigli.

Chiunque ne verrà a contatto per me rappresenterà sempre e comunque un'occasione, un'opportunità di aver regalato, ancora una volta, un contributo a chi verrà.

Per questo ecco la mia breve storia.

PS: Il link che troverai in fondo a questa pagina ti consentirà di poter lasciare un tuo contatto per poter avere la **demo gratuita** per 30 giorni che metterò volentieri a tua disposizione affinché tu possa giudicare il valore di questa proposta.

Inoltre se lascerai i tuoi dati ti illustrerò le principali funzionalità del software attraverso un collegamento online con te e i risultati che potrai ottenere attraverso Audilan.

Se poi deciderai di iniziare con me questo splendido viaggio insieme ai miei già clienti, ti riserverò un **bonus a vita**, esclusivo per i lettori di questo libro, che comprende uno sconto particolare sull'utilizzo del gestionale.

Felice di poterti conoscere.

A presto, Massimo Lanotte

Vai sul link o scansiona il codice QR.

https://audilan.it/sentiamoci

2

La mia storia

2.1 Anni '80 – Arrivo a Milano

Erano anni di grande fermento tecnologico.

Internet e i cellulari erano comparsi da poco.

Già allora si percepiva che eravamo alle porte di grandi cambiamenti.

Sono sempre stato attratto dalle novità.

Volevo essere il primo a sperimentare.

L'informatica mi ha sempre interessato, al punto di dare un taglio netto alla mia specializzazione da ingegnere meccanico al Politecnico di Torino.

Non è facile comprendere la mia scelta.

L'idea di finire in uno stabilimento della Fiat a contatto con un mondo a me lontano, fatto di camici bianchi di una Torino ancora "sconvolta" dall'immigrazione meridionale, non mi ha fatto sentire a mio agio.

Avevo lasciato a diciotto anni il mio paese, Canosa di Puglia.

Noto come il paese natale di Lino Banfi, per intenderci.

Ma noto anche come Canusium.

Così si chiamava quando Annibale, nella valle dell'Ofanto, sconfisse i Romani il 2 agosto del 216 a.C. nella famosa "Battaglia di Canne".

Canusium si trova a 15 km da Canne e fu rifugio dei Romani all'epoca della battaglia.

Canosa mappa storica

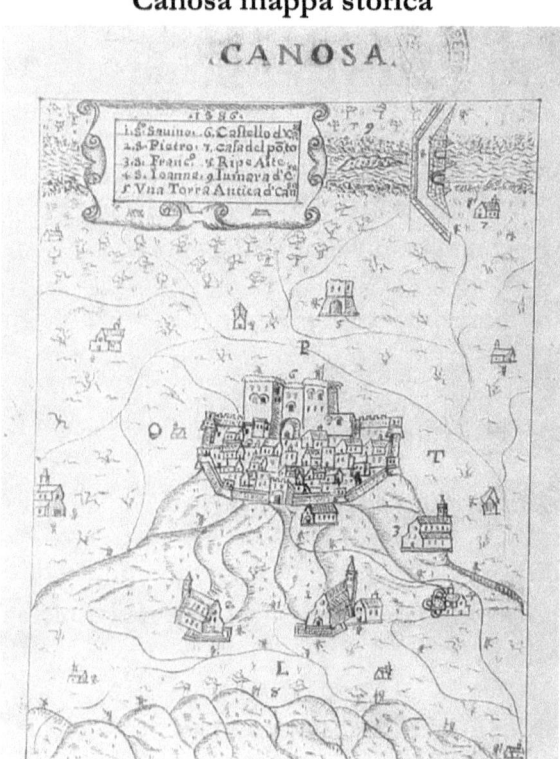

Ma andiamo oltre.

Questa è un'altra storia.

Torino mi ha dato grosse soddisfazioni e grandi opportunità di crescita.

Sono molto grato a Torino e ai torinesi, ma socialmente mi stava stretta.

Adesso non ho rancori, avrei fatto le stesse scelte di allora.

Ma quell'esperienza da studente mi ha profondamente modellato e senza saperlo mi si stava formando una corazza che mi avrebbe fatto superare qualsiasi difficoltà.

Per cui ennesimo cambio drastico.

Decido di spostarmi a Milano inseguendo le mie passioni.

A Milano trovo la mia dimensione.

Amici, serate in compagnia, e tanta umanità.

Una città veramente da bere, libera dalle credenze limitanti e con uno sguardo sincero e leale.

Se vali, ti premio: sembrava dicesse la città.

Era quello che volevo.

Conobbi un amico che mi disse: «Massimo, la mia software house sta cercando un programmatore».

Il giorno dopo ero lì.

In Via Guercino, 8 zona Paolo Sarpi.

Oggi è la chinatown di Milano.

Via Paolo Sarpi era un susseguirsi di negozi di grandi marche.

Ma c'era un profumo di esotico già allora.

Mi ricordo come fosse ieri di un bar di degustazione caffè.

Dentro c'era una coppia di pappagalli enormi che con disinvoltura meravigliosa salutavano tutti i clienti con un bel: "Ciao, ciao".

La mia esperienza in questa software house dura un anno.

Dovevo occuparmi della manutenzione e installazione di un software di gestione per società di leasing.

Non era il mio ideale.

Non lo avevo realizzato io, ma non per questo non era ideale.

È stata un'esperienza molto utile, soprattutto imparare a cavarmela da solo.

Non dimentico mai le "tremende situazioni", che chiamerei figuracce.

Dover risolvere e far funzionare un software fatto da altri, con infiniti bug, cercando di mascherare davanti ai clienti, facendo finta di niente.

Non poteva durare, non ero bravo a fingere. Ma anche se fossi stato bravo, le mie corde emozionali non vibravano, erano rigide.

Infatti mi si presenta una ghiotta opportunità che colgo al volo.

Un'importante multinazionale americana cerca ingegneri nel campo dell'organizzazione aziendale e dei sistemi informativi.

Era la KPMG Consultant.

Trascorro otto anni offrendo consulenza soprattutto a grandi aziende bancarie e assicurative.

La mia esperienza nel campo si consolida.

Adesso mi sento più tranquillo.

Inizio a pensare anche alla mia vita personale.

Dopo tre anni in KPMG, arriva Laura, bellissima.

Faceva un po' di capricci, come molti neonati per addormentarsi.

Quando si è bambini è naturale fare i capricci, ma quando crescono ti danno delle grosse soddisfazioni.

Così come può essere per un software "giovane".

Da quel giorno iniziai a raccontargli delle storie, la sera, quando la portavo a letto.

Non ricordo quanti anni sono passati dall'ultima storia che le ho raccontato. So solo che per me è stato un viaggio bellissimo.

Ma cambiamo scena.

In KPMG mi occupo di selezione software, di procedure organizzative, di analisi dei costi aziendali e così via.

Inizio a comprendere gli strumenti dell'imprenditore: il bilancio economico, la situazione finanziaria, il budget, l'analisi dei costi, come e dove cercare profitto con i tagli dei costi o con l'analisi del margine economico.

Sto crescendo professionalmente.

Ma dopo un po' di anni, sentivo che mi mancava qualcosa.

Ero il consulente sui vari aspetti delle aziende con cui si lavorava, si trovavano soluzioni brillanti.

Finita la consulenza si ritornava in sede o si passava direttamente a un altro cliente.

Quello che avevi suggerito al tuo cliente precedente, le idee che avevi proposto, le soluzioni che avevi concordato, riguardavano ormai il passato.

Mi chiedevo: «Ma avranno poi applicato le mie idee? Avranno riscontrato dei benefici? Che risultati avranno ottenuto?».

Non lo sapevo mai.

Quindi non sapevo se le mie competenze avevano portato beneficio.

Mi chiedevo: «Forse è la frustrazione del consulente?».

Non so. Lascio ad altri la riflessione.

Certo è che questa mia esigenza di verità mi porta e mi spinge, sfidando me stesso, verso una direzione.

Trovare un cliente che mi assuma e poter applicare le mie idee alla struttura organizzativa e viverla nello stesso tempo.

Poter avere costantemente la visibilità delle conseguenze delle mie decisioni e valutarle vivendole, modificarle e migliorarle di volta in volta.

Questo era quello che a un certo punto della mia vita mi spinse al passo successivo.

In questa fase di incertezza, arrivò una proposta che non potevo rifiutare.

2.2 Anni '90 – Arrivo in banca

Ero nel mio ufficio, in KPMG al sesto piano in piazza Meda a Milano, quando mi squilla il telefono.

KPMG Consultant – piazza Meda – Milano

«Pronto?».

«Salve, sono Angelo Mazza, il direttore generale della Banca Popolare di Lodi, mi piacerebbe incontrarla per un colloquio. Stiamo cercando una figura da inserire nella nostra organizzazione».

Il giorno dopo ero lì, a Lodi, senza alcuna esitazione.

Non potevo crederci.

Di solito non funziona così.

Di prassi mandi un curriculum, ti proponi, cerchi di farti spazio tra la folla.

Ma niente di ciò.

Ero da un lato stordito, dall'altro contento come una Pasqua.

Il 31 agosto 1990 nasce mio figlio Luca e il 1 settembre 1990 dovevo essere lì in banca al mio primo giorno di lavoro.

Chiesi ovviamente al direttore di poter vivere i primi giorni con Luca. Infatti il 3 settembre cominciai.

Al momento non ci pensai, ma quando i compleanni di Luca iniziarono a susseguirsi, non potevo far a meno di ricordarmi del suo primo giorno e dell'inizio di questa straordinaria esperienza.

Ho sempre cercato di essere protagonista della mia vita ma, quando alcuni momenti coincidono con determinate circostanze, non puoi non pensare che qualcuno, più grande di te, ti sta guidando.

In altre parole la felicità di aver ricevuto Luca si era ancorata con l'inizio della mia carriera in banca per cui anche quella esperienza doveva essere felicemente positiva.

Come poi si è dimostrata.

Entro nel mio nuovo ufficio a Lodi.

Praticamente c'era l'ufficio del mio responsabile e poi un'enorme stanza con una decina di scrivanie occupate dai miei futuri colleghi.

Poi, in un angolo un po' isolato, un piccolo ambiente, attrezzato al meglio.

Una scrivania, una sedia, una cassettiera.

Sulla scrivania ricordo un classico porta penne.

Rigorosamente vuoto.

Forse da lì nacque la mia mania delle penne e dei porta penne stracolmi.

Il mio responsabile, mi dice: «Sa, siamo una banca in forte espansione, stiamo cercando una persona che possa ricoprire il ruolo di responsabile del Servizio Sviluppo Organizzativo. Avrà dieci colleghi da coordinare e dovrà seguire lo sviluppo organizzativo e informatico della banca. Abbiamo pensato a lei».

Mi stava salendo la febbre.

Non mi vedevo, ma dovevo essere paonazzo.

«Certo» risposi.

Continuai con voce un po' traballante: «È un'enorme e stimolante responsabilità».

Non mi ricordo cos'altro dissi.

Mi indicò il mio ufficio dopo le dovute presentazioni dei colleghi.

Non dimenticherò mai quel giorno, ma soprattutto il silenzio e gli sguardi dei miei colleghi.

Non sapevo al momento come interpretarlo.

Potevo immaginare i loro pensieri che apparivano come nuvolette di un fumetto davanti ai miei occhi.

Potevo immaginare: «Ecco, è arrivato, finalmente lo conosciamo».

Altra nuvoletta: «Ma, chissà da dove arriva».

Un'altra nuvoletta: «E pensare che potevo essere io lì, al suo posto».

Non avevo fatto ancora nessun corso di comunicazione non verbale, ma le nuvolette erano chiarissime e leggibili.

Avevo di fronte a me un fumetto che non avevo acquistato ma qualcuno lo aveva messo sapientemente davanti ai miei occhi.

Ma quello che non avrei mai immaginato, lo compresi qualche giorno dopo.

Alberto, un collega, mi dice: «Ma cos'è che hai sulla tua scrivania?».

Nel frattempo avevo riempito il mio portapenne, ma ovviamente non erano le mie penne che lo interessavano.

Sulla mia scrivania avevo posato il mio computer con cui mi ero presentato il primo giorno: era un Macintosh.

Macintosh

Mi ero presentato con un oggetto non ancora definito dai più e che non poteva ancora essere facilmente associato a un computer.

I computer allora in banca erano i famosi terminali 3270 dell'Ibm.

Le affermazioni che mi sentivo dire erano: «Non sarà il cellulare a cambiare le nostre abitudini, Internet è un fenomeno passeggero, è la moda del momento».

Erano le stesse considerazioni che sentivo dire da molti in quel periodo, anche fuori dal contesto lavorativo.

Questo era il clima e l'aria che si respirava in quegli anni.

Le nuove tecnologie avanzavano, ma erano ancora lontanissime.

Windows non ne parliamo.

In quegli anni ricordo che il personal computer non era ancora apparso nelle filiali bancarie. La rete locale e la condivisione delle risorse hardware e software non erano ancora percepite come possibili benefici.

Lo sapevo perché conoscevo il livello delle tecnologie presenti nel mondo bancario. La mia esperienza in KPMG mi aveva portato a conoscere quel mondo.

Molte banche avevano i loro Centri di Elaborazione Dati (Ced si chiamavano tra gli addetti ai lavori) situati in luoghi blindati e controllati.

Nelle filiali e agenzie bancarie c'erano appunto i terminali Ibm 3270 collegati con il Ced e privi di qualsiasi memoria locale.

Se volevi avere un supporto dove memorizzare i tuoi clienti e/o contatti di sviluppo dovevi tirar fuori le bellissime agende di pelle che rappresentavano gli smartphone dell'epoca.

Avevo molto da fare.

Sapevo quanto potevo dare alla mia banca in sviluppo e vantaggio competitivo.

Il Sistema Organizzativo e Informatico doveva aprirsi alle nuove tecnologie.

Il mio scoglio non ero io, né le risorse economiche che la banca mi metteva a budget. Il mio scoglio era dover competere con una cultura non ancora ben orientata al cambiamento.

La Olivetti 98 troneggiava nelle filiali, così come i terminali dell'Ibm 3270, per chi se li ricorda, dalle dimensioni inimmaginabili.

Erano l'unica presenza ingombrante che testimoniava l'esistenza di procedure informatiche in direzione centrale e nelle filiali.

Ibm 3270

Il mio compito era quella di proporre una serie di innovazioni, con gradualità, con l'obiettivo di argomentarle mettendo in evidenza i benefici in rapporto all'entità degli investimenti che comportavano.

Erano gli anni più belli e stimolanti della mia vita professionale.

Si facevano delle proposte ben argomentate e poi il mio responsabile le portava in direzione generale per l'approvazione.

Gli investimenti non erano per nulla marginali.

Se dovevi introdurre un personal computer accompagnato da una stampante in ciascuna filiale dovevi moltiplicare il costo per 100, poi 200, poi 300 e così via per il numero di filiali interessate.

Non c'era solo l'acquisto dell'hardware e del software. Nel progetto c'erano anche le attività necessarie all'installazione da parte dei tecnici e la formazione del personale.

In quegli anni si parlava di milioni di lire e la responsabilità era molto alta.

Quando la proposta era pronta e condivisa dal mio responsabile, questi la portava in direzione generale.

I nostri uffici non erano presso la direzione e quindi la proposta doveva essere portata e illustrata dal mio responsabile al direttore generale.

Di solito, al pomeriggio, quando arrivava il mio responsabile dalla direzione, non ti chiamava subito.

Si chiudeva nel suo ufficio.

L'ansia mia e dei miei collaboratori cresceva sempre più.

Non nascondo che c'era un po' di ritualità in questo contesto da parte dei nostri superiori e devo ammettere che contribuiva a creare quell'alone di mistero che accompagnava l'attimo prima del responso.

Alla fine arrivava, inequivocabile e visivamente chiaro.

I miei colleghi, che forse mi stanno leggendo in questo momento, si ricorderanno benissimo del "Raggio Verde".

Anni fa, in occasione di una cena tra di noi colleghi, avevo scritto una poesia in dialetto lodigiano intitolata appunto il Raggio Verde. Era bellissima, fu una serata stupenda e la scrissi in omaggio al mio Direttore Generale, ma anche al mio Responsabile Bruno Pezzini che in quegli anni lavorava nel tempo libero al suo innovativo progetto di Dizionario della lingua lodigiana. Ma torniamo in scena.

Il Raggio Verde era la firma di approvazione del Direttore Generale sul documento di proposta del progetto e della relativa spesa da sostenere.

Ovviamente solo il direttore generale poteva scrivere in verde.

Da quel momento il verde è stato il mio colore preferito.

Quando vedevi quel colore passava immancabilmente l'ansia e si respirava un clima di positiva soddisfazione mia e dei miei colleghi.

Il progetto a questo punto passava tra le nostre mani e iniziava la fase di realizzazione.

In quegli anni furono molte le sigle verdi ricevute e molto gradite da me e dai miei colleghi.

2.3 Anni 2000 – Gli anni dell'innovazione

Mentre la banca continuava il suo veloce percorso di crescita, noi dello sviluppo organizzativo eravamo alle prese con i processi di lavoro e le tecnologie.

Inizia una bellissima fase di sviluppo con l'ingresso dei personal computer con interfaccia grafica Windows.

Si introduce la video scrittura con word e foglio di calcolo excel.

Le prime reti locali con condivisione della stampante in filiale è fantascienza diventata presto realtà.

Si fa fatica a sostituire la mitica Olivetti, bellissima con il suo fascino che mantiene ancora oggi.

Olivetti

Ma alla fine arrivano i primi contratti di conto corrente stampati direttamente in filiale in presenza del cliente.

Le cento filiali della banca degli anni '90 ora sono diventate circa 400.

Erano i tempi nei quali la banca stava attraversando una fase di aggregazione di altre banche con un ritmo di crescita importante.

La formazione del personale sui nuovi processi organizzativi era una voce molto consistente nel budget annuale di spesa.

Erano trascorsi appena dieci anni da quando entrai con il Macintosh e ora tutte le filiali operavano con un livello di automazione molto elevato.

Una grande soddisfazione.

Adesso potevo vedere realizzato quello che avevo nella mia mente:

automatizzare i processi con strumenti tecnologicamente avanzati a vantaggio dei clienti.

Tutti potevano avere il contratto di conto corrente stampato al momento, senza dovere attendere allo sportello che l'impiegato finisse di scrivere con la mitica Olivetti il suo contratto.

Il cliente è servito nel migliore dei modi.

Il mio faro in quegli anni era: mettersi nei panni del cliente ponendolo al centro del sistema.

Non mi chiamavo certo Ennio Doris, e ovviamente non avevo le sue capacità, ma qualcuno si ricorderà di lui in quegli anni dire: "La banca intorno a te".

Lui non lavorava con noi, ma questa era anche la filosofia della mia banca: il cliente al centro del sistema.

Ho cercato di interpretarla nel migliore dei modi insieme ai miei collaboratori con grande soddisfazione.

Questa è stata la mia più grossa conquista professionale e ringrazio la Banca Popolare di Lodi per avermi formato con questa cultura e avermi dato questa enorme opportunità di crescita.

2.4 Sei anni dopo

Mentre la mia vita professionale va a gonfie vele con enormi soddisfazioni, arriva l'incontro della mia vita.

Quello decisamente più importante in assoluto.

Arriva Angiola.

Angiola è titolare di un Centro Acustico Indipendente.

Un'esperienza maturata sul campo che prende origini dall'attività di suo papà, Edoardo Scibona, ideatore e costruttore di chiocciole acustiche auricolari che distribuiva in tutta Italia.

Una pietra miliare in quel settore, in quegli anni.

Mentre suo papà costruiva e vendeva chiocciole acustiche auricolari in tutta Italia, lei studiava al liceo artistico del Sacro Cuore a Milano.

Angiola insegue il suo sogno d'artista e dopo la maturità frequenta l'Accademia di Brera a Milano.

I suoi quadri sono bellissimi e come tutti gli artisti sono parte fondamentale della propria espressione comunicativa.

I suoi quadri sono espressione di "attimi in movimento" che rappresentano la collezione più significativa del suo operato di artista.

Per chi vuole curiosare basta cercare su Google "Attimi in movimento di Angiola Scibona".

Dilemma shakespeariano: "Seguire l'arte, le proprie passioni o entrare in campo con un centro acustico, seguendo un po' i consigli di suo padre?".

Credetemi, scegliere e decidere è a volte faticoso, ma non oso immaginare il momento in cui Angiola si è trovata di fronte a questa scelta.

Nel frattempo aveva accettato di insegnare storia dell'arte agli alunni dell'artistico.

Aveva già iniziato ad assaporare la tranquillità di uno stipendio.

Ma quando devi prendere la decisione della tua vita, soprattutto a quell'età dove puoi andare solo di immaginazione, è molto dura.

Ci siamo passati tutti.

Allora ascolti gli influencer che in quel momento hai intorno e, quando uno di loro ti tocca le corde giuste, quelle che ti fanno vibrare, la decisione inizi a vederla più chiara.

L'influencer è stato suo padre, come è facile immaginare.

Ma quali corde è riuscito a far vibrare in Angiola?

«Cara Angiola, so che sei proiettata ad aiutare gli altri. Vederti con quale passione ed entusiasmo stai insegnando le bellezze dell'arte ai tuoi ragazzi riempie di gioia anche me. E sai quanto sono sensibile anch'io all'arte. Ma … anch'io sono mosso dalla stessa passione. Quando realizzo le mie chiocciole acustiche auricolari sapendo che sto facendo qualcosa di straordinario, mi rendo conto che sto contribuendo al benessere di una persona. È questa molla straordinaria che mi costringe molto spesso a staccare tardi dal mio lavoro quando tutti gli altri sono già a letto da un bel po'».

Fu così che le corde vibrarono e smisero di suonare per gli alunni dell'artistico.

Devo a questo punto portarvi in un'altra scena, se continuassi con questa rischierei di vedere una piccola lacrimuccia scendere…

È stata dura, ma così andò la storia.

Questo è quello che ho saputo quando l'ho conosciuta e mi parlava dei suoi precedenti.

Io l'ho incontrata quando ormai era già affermata nel campo degli apparecchi acustici già dagli anni '80.

Inizia un periodo fantastico dove la vita personale e professionale si unisce per diventare parte di noi.

Un periodo di forti stimoli e opportunità di crescita per entrambi.

2.5 La sfida

Eccoci qui. Siamo arrivati a novembre 2006.

Una tranquilla e serena serata, come tante.

Un divano, una poltrona e un film in TV...

Qui inizia la storia.

A questo punto la sfida.

I giorni successivi li passo a meditare su quanto accaduto.

Era chiaro che prima di affrontare il merito avevo bisogno di partire dalla cornice.

Dovevo determinare il mio punto nave e definire la rotta.

Quello che era emerso da Angiola:

- Ho già un software, ma risolve in parte i miei desideri.
- Per avere maggiore visibilità dei dati economici del mio centro acustico ricorro a numerosi file excel. Ognuno parte di un aspetto della mia azienda.
- Devo poter ripetere le stesse informazioni su più fogli.
- Fatturo ai miei clienti, quindi conosco il mio fatturato che riporto su excel, ma non so se sto guadagnando.
- Per guadagnar tempo passo tutto al mio commercialista che si occupa sia del mio fatturato che delle mie fatture fornitori.
- La visibilità del mio conto economico, quando la richiedo, si riferisce nella migliore delle ipotesi al trimestre precedente, altrimenti a sei mesi o più. Oggi non so se sono in utile oppure in perdita.
- Non riesco a trovare il tempo per innovare la mia azienda.

- Non riesco a tornare a casa in tempo utile per coltivare la mia passione.
- Mi sembra di navigare a vista in un azzurro mare sconosciuto.

Ecco qui la lista con cui dovevo fare i conti, avevo davanti la sfida più importante della mia vita.

A giudicare dalla lista Angiola poteva apparire come un imprenditore in una situazione limite di rilancio o di abbandono.

Nulla di tutto ciò.

Il fatturato non mancava, la situazione economica non era affatto preoccupante.

I clienti fidelizzati erano numerosi.

Le vendite non erano in crescita e il fatturato da "montagna russa" non lasciava quella tranquillità auspicabile.

In una situazione del genere, navigare a vista era un rischio molto elevato.

Mi ricordo che in quel periodo si dovette ricorre a un prestito per ottemperare agli obblighi fiscali.

Ovviamente quanto si doveva pagare in tasse lo si sapeva solo a chiusura di bilancio e a sorpresa.

La situazione reale la si conosceva l'anno successivo per l'esercizio precedente.

Si dovevano pagare in anticipo le imposte rispetto al fatturato realizzato l'anno precedente.

Non parliamo poi degli studi di settore quando, formulette magiche che non era dato sapere, ti rendevano il responso sulla congruità del tuo fatturato rispetto agli utili conseguiti.

Cosa fai? Ti adegui dichiarando un fatturato presunto dal fisco ma che non hai conseguito, o te ne sbatti, a rischio di una visitina dietro l'angolo?

Ci si confrontava molto su questi aspetti: dal commercialista ovviamente.

Lui aveva al momento le informazioni e noi lì, dovevamo decidere.

Io la supportavo nella decisione, ma era lei a decidere.

Lì sono iniziate le mie frustrazioni nel vedere un imprenditore a dover decidere in quel momento cosa fare, con un dettaglio noto solo allora e a disposizione solo del suo commercialista.

Non potevo sopportare che, alla luce delle mie esperienze, un imprenditore potesse gestire il suo centro acustico navigando a vista per un lungo periodo per vedere la luce solo in determinati momenti, quelli coincidenti con il pagamento delle tasse.

Per carità, non me ne voglia questo o quel commercialista, ognuno ha il suo compito, non puoi chiedere al commercialista ciò che non ti può dare.

È come chiedere al cardiologo se il tuo mal di gola dipende dai tuoi battiti.

Lui vede le cose dal suo punto di vista, il tuo è un altro.

Sapere come stai andando prescinde dalle tasse che devi pagare a fine anno.

La tua azienda respira da gennaio a dicembre, non puoi permetterti oggi di misurare solo la pressione, trascurando la glicemia, il colesterolo, ecc.

Di fatto la situazione era questa.

Sono stati vissuti anni per i quali, invece di pensare alle vacanze, si aspettava la fine di luglio la telefonata del commercialista per conoscere di quanto il saldo di conto corrente doveva svuotarsi da lì a poco.

"Allora Massimo, cosa fai?" mi chiedevo.

Hai sempre fornito la tua consulenza alle grosse imprese e multinazionali affinché potessero godere dei tuoi consigli.

Non soddisfatto, sei entrato in banca per misurare la tua professionalità e poter constatare dal vivo la bontà o meno delle tue idee applicate al tuo datore di lavoro per ben 35 anni, senza subire licenziamenti ma anzi ricevendo soddisfazione e gloria per le tue idee.

Adesso?

Cosa aspetti.

La tua compagna di vita ti lancia la sfida e tu che fai?

Stai ancora a pensarci?

Beh, con onestà, non ci ho pensato neanche un attimo. Eccomi qui a scrivere una storia che spero possa aiutare tutti quelli come Angiola.

Da qui, la spinta e la voglia di aiutare lei e individuare un sistema che potesse supportare le imprese come la sua.

La sfida era stata innescata.

A questo punto ero concentrato sulla lista delle principali frustrazioni.

Dovevo trovare una brillante soluzione.

Non avevo alternative.

Soprattutto non potevo fallire.

Angiola non era un cliente, non era la mia banca, era ed è tuttora la persona della mia vita che ha deciso di vivere con me a tutto tondo.

Ho accettato con entusiasmo.

A questo punto ho cercato il più possibile di capire il contesto a cui mi stavo rivolgendo.

Le così dette: "Condizioni al contorno".

Ho iniziato a osservare i suoi processi di lavoro, la sua realtà, ma con uno sguardo a tutto il settore al quale avrei dovuto rivolgermi.

Iniziai a partecipare alle sue riunioni ed eventi organizzati dai suoi fornitori principali di apparecchi acustici.

Mi ricordo un anno, eravamo a Berlino.

La Phonak aveva organizzato un evento di presentazione prodotto, ma anche di scambio sociale e di confronto professionale tra le aziende partecipanti.

Per me era un'occasione molto interessante in quanto iniziavo a entrare non solo nel suo mondo, ma anche in quello degli altri suoi colleghi. Devo dire che questa fu la mia principale occasione per capire meglio le problematiche del settore.

Seguirono altri eventi, oltre alla Phonak naturalmente si aggiunsero quelli di Starkey e altri principali fornitori.

Conoscevo in quel modo i colleghi di Angiola e contestualmente approfondivo le loro problematiche. Mi ero fatto un'idea molto precisa di quali gestionali utilizzavano, le loro caratteristiche, i limiti che quei gestionali avevano, le problematiche organizzative principali che l'imprenditore doveva risolvere.

In definitiva fu un periodo molto bello dove riuscii ad approfondire le problematiche del settore, ma nello stesso tempo a essere vicino alla mia compagna.

Dopo un po' avevo assorbito e definito la mia cornice.

Avevo individuato il mio punto nave, in analogia a quelli che veleggiano.

Ma vediamo quelle che erano le conclusioni più importanti e che poi mi avrebbero aiutato a impostare il sistema e il metodo che mi ha portato a sviluppare la mia soluzione.

I centri acustici si caratterizzavano, allora come ora, in due grosse categorie:

- Le catene.
- Gli indipendenti.

Nelle catene troviamo l'Amplifon, Audionova, AudiKa, e oggi anche altre attribuite ai produttori di apparecchi acustici.

Di per sé già ben strutturate in termini di processi organizzativi, di procedure di controllo, di analisi andamentali, target da realizzare, quote di mercato da conquistare e così via.

Di fatto molto più rigide sui processi operativi e molto orientate ai volumi da realizzare.

Potrei dilungarmi nel descrivere le loro caratteristiche, i loro punti di forza e di debolezza.

Ma rimaniamo per il momento ad analizzare quello che ci interessa, o quanto meno quello che i Centri Acustici Indipendenti devono aver ben presente.

Le catene sono quindi grandi organizzazioni, hanno una potenza di fuoco in pubblicità e scontano prezzi di acquisto dai fornitori molto vantaggiosi.

Senza considerare le catene riconducibili ai produttori di apparecchi acustici.

Ma non tutto pende a loro favore.

Come si sa, le grosse organizzazioni sono più rigide dal punto di vista organizzativo.

Un cambio di strategia a volte è un problema.

Un cambio organizzativo è più lungo da implementare su tutta la struttura.

Una nuova modalità di approccio alla vendita o di variazione operativa richiede ore di formazione e tempi lunghi da avviare su tutto il territorio in tutta la sua articolazione.

Per usare una metafora possiamo immaginare l'andamento di un elefante e quello di una gazzella.

Perché questa è la realtà.

Cambio scena.

Mi ricordo quando un mio amico, con cui condividevo la camera della nostra pensione ai tempi del Politecnico a Torino, mi disse: «Sai Massimo, "l'Arte della Guerra" di Sun Tzu è un libro che non dovrebbe mai mancare nella tua libreria».

Corsi alla libreria degli studenti in corso Sebastopoli. Avevo appena pagato e stavo già sfogliando il piccolo libro che avevo tra le mani.

Il mio sguardo si posò subito su una frase.

"Se conosci il nemico *e te stesso, la tua* vittoria *è sicura. Se conosci te stesso ma non il* nemico, *le tue* probabilità *di* vincere *e* perdere *sono uguali. Se non conosci il* nemico *e nemmeno te stesso, soccomberai in ogni* battaglia.*"*

Ma allora perché non utilizzare la forza delle idee e degli strumenti adottati dalle catene e portarli in casa dei Centri Acustici Indipendenti?

In definitiva perché non usare la stessa forza delle catene per provare a far vincere gli indipendenti?

Ecco perché Audilan e il suo metodo è entrato nei Centri Acustici Indipendenti, per far in modo che i Centri Acustici Indipendenti possano "utilizzare la stessa forza del nemico per vincere". Citazione di Sun Tzu.

Audilan rappresenta il primo atto di questo percorso che racconto in questo libro.

Il secondo atto, al quale sto già pensando e che potrebbe essere uno spunto sempre per i Centri Acustici Indipendenti per un secondo libro è: "La strategia di comunicazione efficace per i Centri Acustici Indipendenti".

Infatti oggi è quasi necessario dotarsi di strumenti e soluzioni specifici per il settore, abiti il più possibile su misura e non più generici. Questa è la nostra sfida verso i nostri clienti. Il successo dei nostri clienti passa da questa visione. Questa è la sfida di Audilan verso i suoi clienti. Questo vale anche per le iniziative di marketing e per le strategie di comunicazione. Quante volte ci siamo imbattuti in proposte di marketing e comunicazione generiche per tutti i settori merceologici senza ottenere i risultati sperati? Per cui anche la comunicazione e il marketing aziendale non può essere generico. Gli strumenti e le tecniche di comunicazione devono tener conto della specificità del settore dei Centri Acustici Indipendenti. La stessa sfida del sistema gestionale specifico, riguarda anche il marketing e la comunicazione. Questa sarà la mia prossima sfida.

Cambio scena.

Ritornando ai Centri Acustici Indipendenti, possiamo affermare che la maggior parte di essi sono nati da audioprotesisti con la volontà di "mettersi in proprio".

A volte da soli, a volte con alcuni soci.

Più snelli dal punto di vista organizzativo, molti a gestione familiare, molto attenti alle relazioni con i clienti ma spesso poco strutturati.

Dimensioni aziendali minime, ma flessibili.

Strutture organizzative semplici e per nulla complesse.

Ovviamente questo scenario poteva cambiare rapidamente se il Centro Acustico Indipendente fosse cresciuto dimensionalmente in termini di filiali e personale.

Il centro acustico di Angiola rientrava ovviamente tra gli indipendenti.

Rappresentava in gran parte il mio mercato di riferimento principale.

Molti centri indipendenti avevano dimensioni contenute sia in termini di organico che di filiali sul territorio di riferimento.

La maggior parte con uno o due tecnici audioprotesisti e una segretaria.

Realtà più grandi raggiungevano a volte una decina di filiali e collaboratori distribuiti sul territorio.

Molte realtà erano caratterizzate da iniziative di sviluppo locale.

Molti centri organizzati avevano una rete di recapiti presso unità di appoggio dislocate sul territorio.

In definitiva queste determinanti distinzioni per me erano fondamentali per poter iniziare a impostare le basi del mio sistema.

In quel periodo, parlo dagli anni 2000 a seguire, erano già presenti alcuni gestionali a supporto dei centri acustici.

Molti colleghi di Angiola mi avevano raccontato un po' le loro caratteristiche e molti li avevo approfonditi da vicino.

L'aspetto che li accomunava tutti, almeno la maggior parte di essi, era quello di essere stati concepiti per gestire principalmente i **processi operativi** e il cosiddetto "schedario clienti".

Quindi una molteplicità di informazioni preliminari sui clienti e sui prodotti, finalizzati per la maggior parte a supportare la fatturazione e la gestione operativa.

Grossi schedari con giustamente molti vincoli operativi se le informazioni non erano coerenti alla fatturazione e così via.

Molti centri non avevano nulla, e consideravano la piattaforma Noah come un gestionale più che sufficiente alla loro situazione.

Un altro aspetto che caratterizzava queste applicazioni era quello di avere database locali.

Per cui al di fuori dalla sede non era possibile accedere ai dati del centro acustico in quanto locali sul personal computer.

Le realtà più evolute avevano impostato una rete geografica (Vpn), gestita direttamente dal cento acustico con costi non trascurabili e a volte con disservizi attribuibili all'operatore telefonico scelto.

Un altro aspetto determinante era la proliferazione di informazioni dei clienti su più postazioni di lavoro.

L'informazione, se doveva essere vista e gestita su supporti hardware diversi, andava riportata manualmente.

Archivi e cartelle copiati dappertutto ma che dovevano essere aggiornati appena qualcosa cambiava.

Questo era dovuto al fatto che i centri acustici, adottando principalmente in locale la piattaforma Noah per la programmazione e regolazione delle protesi acustiche, erano costretti a registrare il paziente localmente sulla postazione prima della regolazione.

Il che ovviamente comportava per molti centri di avere i propri clienti ripetuti su più postazioni.

In quegli anni i gestionali che erano dotati di collegamento con la piattaforma Noah erano rari esempi.

A questo punto da un lato avevo ben chiare le problematiche più importanti dei centri acustici, e nello stesso tempo avevo ben chiari i principali desideri da soddisfare.

2.6 L'idea

Quando mi era possibile raggiungevo Angiola nel suo studio di Milano.

Lei lavorava da sola ed era coadiuvata da una segretaria.

Molto spesso arrivavo in studio e lei stava visitando.

Mi soffermavo più volte in sala d'aspetto, nell'attesa che si liberasse.

Frequentemente assistevo alle telefonate di clienti che chiedevano un appuntamento, era per me un momento di grande interesse.

Ascoltavo la conversazione e dopo un po' di presenza in studio avevo un'idea ben chiara di come si svolgeva la relazione.

Solitamente si fissava un appuntamento per una prima valutazione, altre volte per dei controlli e così via.

La durata delle telefonate era molto breve, essenziale.

Capitava molto spesso di trovarmi in sala d'aspetto e per me era un osservatorio utilissimo. A volte condividevo lo spazio d'attesa con un cliente.

Mi ricordo in particolare di una sera.

Mi trovavo in sala d'attesa con un cliente che aspettava di essere ricevuto da Angiola. In verità c'era una madre accompagnata dalla figlia per una prima valutazione. Parlavano con un tono di voce consono alla capacità uditiva della madre non garantendo in nessun modo la pur minima riservatezza.

«Mamma, finalmente ti sei decisa a un controllo del tuo udito» "sussurrava" la figlia.

«Sai, Martina, sono stufa di sentirvi dire che non sento, sento benissimo, vedrai che anche tu scoprirai che la mamma ci sente benissimo - rispondeva la mamma continuando - così finalmente anche tuo papà se ne farà una ragione».

Qualche giorno dopo chiesi ad Angiola di raccontarmi come fosse andata la visita. Mi riferì che la mamma aveva una perdita uditiva importante, le aveva proposto un percorso riabilitativo ma non si era convinta e aveva preso qualche giorno per pensarci.

Le dissi: «Non posso crederci, in sala d'aspetto avevo raccolto la confidenza della mamma, la quale asseriva con decisa determinazione che era lì solo per dimostrare ai suoi familiari più cari che lei sentiva benissimo. Ma lei non ti ha raccontato perché era lì da te?».

Angiola mi rispose: «No, assolutamente non mi ha raccontato nulla, anzi mi ha detto che era venuta per un semplice controllo».

Le raccontai della conversazione che avevo raccolto ed entrambi concludemmo che se Angiola l'avesse saputo prima avrebbe potuto gestire diversamente la relazione.

A conferma di ciò, seppi che dopo circa due mesi la cliente richiese un secondo appuntamento.

Oggi la cliente vive serenamente in famiglia avendo accettato il percorso riabilitativo e risolvendo la resistenza che aveva alla sua protesizzazione.

Questo episodio mi fece riflettere molto.

Da un po' mi stavo interrogando su quali basi doveva essere concepito il gestionale.

Chi doveva essere il mio committente?

La segretaria con le sue necessità e specifiche funzioni?

Oppure Angiola con le sue esigenze?

Se ci fosse stata una funzione amministrativa avrei dovuto ascoltare anche le sue esigenze?

Beh, sicuramente tutti questi protagonisti.

Ma mancava ancora qualcuno che sapevo essere importante nella definizione delle caratteristiche del gestionale.

Tutti i gestionali si sono realizzati in passato e tuttora si realizzano sulla base di un committente, espressione di una particolare necessità.

Il mio doveva essere diverso.

Non riuscivo a individuare la direzione che doveva prendere il mio gestionale per distinguersi dagli altri.

Sicuramente fondamentale doveva essere il contributo dei principali protagonisti all'interno di uno studio audioprotesico.

Questo non mi mancava.

Ero a stretto contatto con chi aveva già lavorato nel settore da più di 20 anni.

Angiola e i suoi collaboratori, oggi i suoi figli, lavorano insieme con lei con soddisfazione ed entusiasmo nella stessa impresa familiare.

I punti di vista della segretaria, dell'audioprotesista e dell'imprenditore non mi mancavano, ma c'era un attore protagonista che fino ad allora mi sfuggiva.

Fu quella sera, raccontando l'episodio della mamma e della figlia, che mi fu chiara l'idea.

Era lì a portata di mano ma non la vedevo ancora.

A volte mi è capitato di avvertire, quando si intraprende un viaggio, la sensazione di dimenticare qualcosa di importante.

Quando non ti viene in mente si perde il contatto con l'istante che si sta vivendo e non ci si accorge che è un bel momento.

Il pensiero va sempre lì, a quella cosa che non ti viene in mente.

È molto vicina ma ti sfugge.

Quando mi trovo a vivere questa sensazione, cerco di distogliermi dal problema.

Mi allontano.

Come se volessi resettare la mente e ripartire da capo.

Ecco.

Questa era la situazione che vivevo in quell'istante, prima di veder chiaro.

Quella sera capii che la figura che mi mancava era… il cliente.

2.7 Il viaggio

A quel punto non mi mancava nulla.

Il viaggio poteva iniziare.

Il viaggio più bello e affascinante.

Il cliente del centro acustico è stato per me di fondamentale importanza, come naturalmente Angiola e molte altre testimonianze che ho raccolto durante questo affascinante percorso.

Non so quanti, ma al momento in cui ho pensato e immaginato il sistema che dovevo realizzare, ho iniziato a visualizzare davanti a me il cliente del centro acustico.

L'audioprotesista ti racconta la sua esperienza, la segretaria fa altrettanto, l'imprenditore sa cosa chiederti per un software a sua misura.

Ma il cliente dell'imprenditore come fa a dirti cosa vuole da un software che neanche vede?

Non sa che esiste.

Allora ho cercato di viaggiare insieme a lui immaginando quello che avrebbe desiderato dal suo centro acustico ideale.

Ho ascoltato le sue esigenze, le sue necessità, ho cercato di essergli vicino nel suo viaggio all'interno del centro acustico.

In questo modo ho capito che ogni cliente ha il suo virtuale zainetto dei valori che porta sempre con sé.

Se riesci a scoprirlo, o se hai un sistema che ti consente di scoprire i suoi valori, allora lo hai conquistato e ti sarà fedele.

Perché devi saper che se un paziente viene da te perché non sente, è come se non ti avesse detto niente di sé.

Tutti, se entrano nei centri acustici, lo fanno perché non ci sentono.

Ma ognuno entra con la propria motivazione, diversa da ciascun altro.

C'è chi entra perché ha vissuto un suo disagio, un episodio della sua vita che vuole superare e risolvere. Lui non comprerà mai il tuo apparecchio acustico anche se va a casa con l'apparecchio che gli hai venduto.

Lui compra la risposta che gli hai dato al bisogno reale e concreto che fa parte della sua vita.

Tu non lo sai ancora o non te lo dice subito.

Se te lo dice è perché stimolato, incalzato a raccontarti quello che gli è successo.

È questo che devi cercare di scoprire prima di parlare di te e di come pensi di risolvere il suo problema.

Fu così che iniziai a immaginare il mio sistema.

Ho iniziato a vedere l'organizzazione del centro acustico in modo diverso per cui, il primo dei cinque tasselli che ho iniziato ad affrontare, è stato proprio quello di anticipare la conoscenza del cliente per servirlo meglio entrando subito in sintonia con lui.

Il puzzle si è poi arricchito di altri quattro tasselli che fanno parte di questo meraviglioso viaggio alla scoperta del sistema che ti porterà alla realizzazione dei tuoi obiettivi.

Mi ricordo come se fosse ieri quando quella sera con Angiola si iniziò a impostare la storia del cliente con la realizzazione di un sistema di gestione dei richiami.

Avevamo scoperto che molti suoi clienti erano in uno stato "dormiente" negli archivi.

Allora fu impostato un metodo all'interno del software per consentire il richiamo del cliente.

Le situazioni che ci possono essere nel dover richiamare un cliente già acquisito sono le più svariate e molteplici.

Puoi richiamare il tuo cliente per:

- Ricordargli di confermare un appuntamento preso.
- Ricordargli di ritornare per un controllo periodico, coerentemente con la tua politica di riabilitazione uditiva.
- Impostare dei richiami per dei controlli annuali periodici.
- Ecc.

Iniziò da allora a utilizzare una serie di richiami sulla sua clientela che la portò nel giro di sei mesi a un incremento a due cifre del fatturato.

Non solo, rimanemmo stupiti, e non poco, quando richiamando alcuni clienti si scopriva che questi avevano cambiato centro.

Motivo?

Si erano sentiti trascurati e avevano ricevuto numerosi inviti, passando alla concorrenza.

Impostammo allora un sistema tale per cui l'intero archivio dei clienti, in un periodo di tempo stabilito, veniva, a rotazione, completamente richiamato.

I clienti si sentivano accolti e avevano percepito che li si chiamava perché interessati al loro problema e non all'aspetto commerciale.

Ovviamente le occasioni di riproporre nuove soluzioni non mancavano, ma quello che percepivano era l'attenzione alla persona, al proprio problema.

Eravamo solo agli inizi.

Il resto del sistema prese corpo attraverso la realizzazione della Piramide del valore.

Piramide del valore

3

La Piramide del valore
Il metodo dei 5 passi

3.1 – Perché scalare la piramide e arrivare in cima

Quello che ho compreso dall'esperienza che ho fatto sul campo e dal confronto con gli imprenditori dei centri acustici e non solo, è che per crescere e aumentare il tuo business, devi poterlo governare.

Per far questo devi seguire una precisa strategia.

Mi spiego.

Quante volte mi è capitato di sentirmi dire: «Ho un gestionale per il controllo dei clienti, il resto lo organizzo con excel».

Ancora: «Sai ho un programma che mi gestisce le fatture, un altro i clienti, per quanto riguarda le entrate e le uscite ho una segretaria che mi registra le fatture».

Ancora un imprenditore: «Per quanto mi riguarda, ho un programmino per le fatture e il resto fa tutto il mio commercialista, poi per i clienti ho Noah».

Insomma, si comprende benissimo come il sistema informativo di un'azienda si disperda in piccole parti gestionali, non comunicanti.

Una singola informazione elementare si ripete più volte a seconda delle esigenze.

Queste erano le considerazioni più emblematiche che sentivo dire.

Capii subito che, se dovevo fare un gestionale per i centri acustici, non potevo creare un sistema parziale e incompleto.

Il sistema doveva sicuramente coprire tutte le necessità e le attività presenti all'interno dell'azienda.

Ma sapevo benissimo che questo non bastava.

Dovevo creare un sistema in grado di permettere al cliente di utilizzare tutte le funzioni senza essere di impatto al suo lavoro.

Le funzioni e le risorse presenti dovevano ritrovarsi con il lavoro che svolgevano e vedere il sistema come supporto alle proprie attività.

Non volevo ricadere nella situazione del **"lo uso al 10% e poi …"**.

Creare un gestionale e ripercorrere gli stessi errori di altri fornitori di software poteva portarmi a un insuccesso già vissuto da altri.

Dovevo mettermi nei panni dell'imprenditore mio cliente e capire esattamente cosa fare per evitare questa gestione frammentaria del suo sistema informativo.

Fare in modo che il mio gestionale potesse entrare in azienda con discrezione e senza impattare con il lavoro quotidiano dell'audioprotesista e delle altre funzioni presenti.

"Cosa manca?" continuavo a chiedermi.

Allora iniziai a interrogarmi su quali caratteristiche poteva avere il mio progetto di gestionale.

Come fare a coinvolgere il centro acustico in modo da pensare a uno strumento software in grado di supportare in pieno i suoi bisogni e le sue necessità.

Potevo inventarmi il più bel gestionale del mondo, ma mancava la cosa più importante rispetto a tutti i prodotti esistenti sul mercato.

Ma cosa?

Il gestionale come strumento in sé, doveva essere accompagnato da qualcos'altro.

Allora arrivai alla determinazione che il gestionale poteva risolvere gran parte delle aspettative dell'imprenditore solo se rispondeva anche alle necessità delle varie funzioni e dei ruoli specifici all'interno del centro acustico.

Ma poteva non essere sufficiente.

Doveva avere qualcos'altro di fondamentale.

Una specie di metodologia di lavoro, rispettosa delle abitudini consolidate dal centro acustico, ma nello stesso tempo **individuare un metodo finalizzato a introdurre graduali modalità e obiettivi di lavoro finalizzati a risolvere i bisogni dell'Imprenditore.**

Da qui, nasce quella che io chiamo la **Piramide del valore,** il metodo che porta l'imprenditore a compiere 5 semplici passi per scalare la piramide e arrivare in cima.

La cima rappresenta il bisogno massimo di un imprenditore: **aumentare il proprio business attraverso il controllo.**

Conoscere con anticipo l'andamento economico e gestionale del centro acustico per governare meglio l'impresa verso più ampi risultati, con efficienza ed efficacia.

Per cogliere l'obiettivo, l'imprenditore doveva essere accompagnato da una metodologia di lavoro finalizzata al conseguimento del risultato.

Il sistema doveva rispondere all'imprenditore su queste sue legittime domande:

- Perché devo utilizzare questo gestionale?
- Perché devo prendere questa decisione adesso?
- Perché mi devo fidare di Audilan Business Control?
Rispondo.
- Perché devo utilizzare questo gestionale?

Questo gestionale risponde a una esigenza primaria dell'imprenditore: per crescere devo saper governare la mia azienda, e questo lo posso fare solo se ho il controllo del mio business e di come esso si forma.

Non solo devo monitorare i processi, ma devo poter monitorare il "come i clienti cambiano nel tempo la loro modalità di acquisto".

- Perché devo prendere questa decisione adesso?

I clienti non entrano più come in passato.

La concorrenza è aumentata.

Le catene sono più strutturate di me e stanno aumentando la loro aggressività sul mio mercato.

I clienti sono sempre più spinti e attenti al prezzo (internet gli da una mano), e io non posso continuare a fare sconti.

Se voglio continuare a esistere ed eventualmente a crescere, devo potermi strutturare meglio.

Se non lo faccio adesso finisco per essere preda.

- Perché mi devo fidare di Audilan Business Control?

A questa domanda potrei risponderti, ma rischierei di risultate autoreferenziale e di parte.

Ho dedicato un capitolo alle testimonianze dei miei clienti.

Mi hanno fatto un regalo enorme che custodirò per sempre.

Mi hanno dato e mi stanno dando una forza incredibile.

Grazie di cuore.

Una cosa però posso dirti.

Se sei arrivato fin qui a leggere e ti interessa sapere come va a finire questo splendido mio viaggio ti suggerisco di arrivare in fondo.

Se deciderai di salire sulla nostra barca quello che farai sarà stare al fianco di imprenditori che, seppur navigando in acque diverse, sicuramente stanno andando nella tua stessa direzione.

Per poterlo fare devi avere sempre con te la tua bussola.

Ti ho riservato una sorpresa.

Quindi prima di pensare al software ho iniziato a sperimentare una metodologia che potesse essere utile allo scopo.

Dopo una serie di analisi e osservazione che ho svolto sul campo, ho individuato uno strumento software utile all'imprenditore che decide di navigare il suo mare con lo strumento più antico nelle mani dei più bravi navigatori.

"Non c'è vento favorevole per il marinaio che non sa dove andare (Seneca)".

Si chiama: Tableau de bord.

In definitiva un cruscotto del centro acustico dove poter monitorare e controllare le variabili di valore principali da tener sotto controllo, senza perdersi in laboriose statistiche.

Al Tableau de bord ci si arriva naturalmente dopo avere percorso i 5 passi fondamentali che l'imprenditore dovrà fare per conquistare la cima della piramide.

È come quando arrivi in cima alla montagna e con soddisfazione ti godi il panorama.

Guardare la tua azienda dall'alto, per un istante fuori dalla quotidianità operativa che ti affanna e offusca, è come vedere chiara e limpida la strada che hai percorso e che stai percorrendo e poter valutare se è coerente con i tuoi obiettivi.

Il Tableau de bord è quello strumento utile e necessario che ti consente di tracciare il punto nave e decidere la tua rotta ideale.

Ovviamente il Tableau de bord è uno strumento utile per tracciare la direzione che si sta percorrendo, **se si sa dove andare.** L'imprenditore sa sempre dove andare, ma a volte la quotidianità operativa ti distrae e assorbe sempre il tempo che ti serve per capire l'andamento della tua azienda.

Mappa nautica

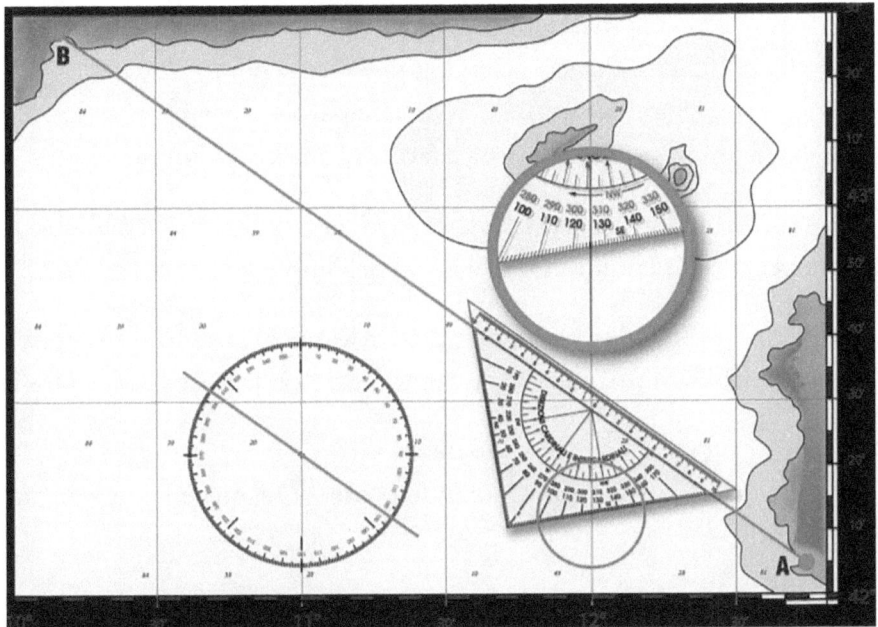

Avevo in mente l'obiettivo, quello dell'imprenditore.

Gestire il suo centro acustico potendo conoscere con puntualità e immediatezza una serie di informazioni utili per il governo e il controllo del suo centro.

Ovviamente la prima cosa che mi è venuta in mente sono le domande che un imprenditore si pone per il suo centro acustico.

- Il fatturato, se in crescita o no rispetto a periodi antecedenti di confronto.
- L'utile del centro acustico, sapere se sto realizzando utili.
- Se questa o quella filiale mi sta rendendo o risulta in perdita.
- Come sto vendendo, o come i miei collaboratori stanno convertendo le visite che eseguono in preventivi e vendite.
- Come sto gestendo i miei clienti acquisiti, se ritornano da me perché fidelizzati.

- Come sto acquisendo i miei nuovi clienti, quanti e come e con quali canali di marketing.
- La pubblicità che sto facendo mi sta rendendo?
- Quanti clienti mi tornano per passa parola o per Facebook?
- Quanti preventivi sono stati fatti e quanti convertiti in vendita?

Questa lista non è certo esaustiva, con un po' di fantasia può continuare per meglio comprendere il trend dell'impresa.

Semplici domande che a volte non trovano risposta o, se si conoscono, ne abbiamo percezione quando non possiamo più orientare il centro in tempo utile.

Risposte a fondamentali domande come: "Quanto è l'utile che sto realizzando?".

L'informazione arriva una o due volte all'anno se, chi segue la tua contabilità, ti fornisce le risposte che cerchi.

Molto spesso ciò che ricevi dal tuo commercialista è una visione prettamente fiscale del tuo centro.

Ma tu, è quella che cerchi?

È quella che ti fa capire se stai applicando i prezzi giusti e se stai comprando in modo ottimale i tuoi apparecchi acustici?

Questo per quanto riguarda le informazioni di natura economica.

Ma se vogliamo dare una risposta sull'efficienza ed efficacia delle conversioni vendite dei tuoi collaboratori e di questa o quella filiale o recapito?

Qui arrivano le noti dolenti.

Magari ci arrivi se raccogli queste informazioni sui vari fogli excel che di sicuro fanno parte dei tuoi strumenti.

Ma a quale prezzo e con quanto tempo dedicato a fine giornata dopo una molteplicità di appuntamenti, visite e contatti con i fornitori?

Magari hai un gestionale che ti risolve l'obbligo di produrre la fattura al cliente che hai appena salutato.

Ma poi?

Quando hai finito, vuoi sapere altro.

Magari non quella sera, perché sei stanco e hai avuto una giornata bestiale.

Ma il gestionale che stai usando e che ha prodotto la tua fattura, ti dà facilmente le informazioni che cerchi?

Risponde alle tue domande quando vuoi tu?

E se la risposta è affermativa, quanto hai dovuto lavorarci per averle?

Quanto hai dovuto trovare spazio per le tue analisi statistiche piuttosto che visitare e vendere a un altro tuo cliente?

Avendo ben chiare queste problematiche, e sapendo che non si ha mai tempo per cercare e trovare le informazioni che ti servono, ho messo a punto la metodologia della Piramide del valore.

Quello che devi fare è scalare la tua piramide per poter arrivare in cima ed entrare all'interno della tua stanza dei bottoni.

Mi sono immaginato lì.

Davanti a un cruscotto e guardare le varie lancette, proprio come quelle di un'auto o di un aereo.

Avere a disposizione le mie lancette, conoscerle quando ne ho bisogno e correggere la rotta per portare la mia impresa verso il mio obiettivo.

Questa è stata l'immagine che ho avuto e che mi ha portato a definire sempre di più e meglio il mio software.

Prima di metter a fuoco la metodologia, mi sono chiesto quali erano le basi da prendere in considerazione prima di salpare e poter arrivare alla meta.

Cosa potrebbe convenire all'imprenditore?

- Abbandonare se possibile quei bellissimi file excel a volte utili, ma che ti assorbono un sacco di tempo.
- Perseguire l'utilizzo di uno strumento software dove devono risiedere le principali e fondamentali informazioni che appartengono al tuo centro acustico.
- Abbandonare o limitare al minimo la frammentazione delle informazioni che riguardano la tua azienda e che sono distribuite su più strumenti software.
- Avere un solo strumento sempre disponibile e interrogabile dovunque ti trovi e su qualsiasi supporto di lavoro (Pc desktop, portatile, tablet, smartphone).
- Usare lo strumento software di gestione mentre stai lavorando, come fa benissimo un qualsiasi specialista in qualsiasi campo medico o paramedico durante la sua visita con il paziente.

Questi sono i fondamentali alla base del raggiungimento degli obiettivi per rendere efficiente ed efficace il controllo della tua azienda.

Se perseguiti, anche con le opportune gradualità, devono segnare la direzione verso cui puntare, la strada maestra che ti porterà sicuramente in cima.

Una strategia fatta da questi semplici punti va tenuta ben chiara e se possibile va perseguita con molta determinazione.

Ma ritorniamo al metodo della Piramide del valore e dei suoi 5 passi.

Definita la strategia, andiamo a descrivere i 5 passi fondamentali che devono essere percorsi per arrivare in cima e governare il tuo centro acustico.

3.2 Il cliente – Come gestire la relazione

Come ho più volte detto non esiste nessun gestionale, sia pure perfetto e bellissimo, che ti aiuta a raggiungere i tuoi obiettivi se non accompagnato da una strategia e/o da un metodo che ti guida.

Avere bene in mente i punti fondamentali illustrati in precedenza, ti aiuta già al 50% per il raggiungimento del tuo risultato, prima ancora di scegliere il tuo gestionale ideale.

Se non ti convinci che lo devi usare mentre lavori, sarà difficile poter avere le informazioni che ti servono sempre a portata di mano.

Finirai con il prendere un gestionale e usarlo al 10% continuando con i tuoi bellissimi file excel.

Cambio scena.

Mi ricordo una volta quando, a questo proposito, mi dovetti sottoporre a una visita specialistica.

Ma capita tuttora, sempre.

Dal momento in cui entrai, fino alla fine, parlai solo io, imbeccato da qualche domanda qua e là.

Lo specialista rimase tutto il tempo a inserire le mie risposte in silenzio davanti al suo computer.

Solo alla fine mi diagnosticò e mi fornì la terapia.

Senza dubbio un caso estremo, dove la fase relazionale fu molto sacrificata ed essenziale.

Siamo d'accordo che non è questo il modo per relazionarsi con il cliente per capire e risolvere il suo problema.

Anche perché parte della relazione che hai con lui ha caratteristiche commerciali diverse rispetto a uno specialista.

Quando sei davanti al medico, di solito lui ha già incassato perché sei dovuto andare prima in accettazione e poi in cassa.

Lui ha già venduto prima ancora che tu lo conosca.

E se la visita è privata, i soldi li dai alla sua segretaria quando esci.

Magari non sai neanche quanto devi. Lo fai a prescindere.

Il percorso dell'audioprotesista è ben diverso.

Tu devi sudare.

Oggi il cliente, prima ancora di conoscerti, sa che vendi apparecchi acustici.

Ti vede per la maggior parte delle situazioni come un venditore.

Ha questa convinzione, non certo perché tu sei così.

Questa è la sua credenza, quella che gli hanno costruito.

Fargli capire che non sei un venditore ma una persona che può aiutarlo è un'altra questione.

Ma torniamo a noi, questa è un'altra storia che magari ti racconterò forse in un altro libro, quello di cui ti parlavo prima.

Cambio scena.

Ammettiamo che possa sembrare difficile prestare attenzione al mio cliente con lo sguardo, con l'atteggiamento, con la postura accogliente piuttosto che di chiusura, e avere un computer davanti da smanettare.

È difficile, non è per niente facile.

Bene.

Sono sul cliente e non mi distraggo.

Ma so che quello che mi sta raccontando è importante, non posso dimenticarmelo.

Bene.

Quando lo faccio?

La mia proposta: "Lo fai quando lui va via".

Tra una visita e l'altra ti prendi cinque minuti, non servono di più, e il software ti suggerisce le informazioni che vuole sapere per darti in cambio, quando e come vuoi, quello che ti interessa conoscere dopo.

Adesso ti sei tolto il camice dell'audioprotesista e hai indossato l'abito dell'imprenditore del tuo centro.

Durante la relazione scopriamo fondamentali informazioni sul paziente che, se al momento ci possono sembrare utilissime, ci pare superfluo inserire digitalmente in un'applicazione software.

Magari al momento non riusciamo a cogliere l'utilità di farlo.

Ma poi?

Ci interessa sapere come ha conosciuto il nostro centro?

Cosa lo ha spinto ad affrontare la sua situazione e volerla risolvere?

Perché il tuo preventivo è andato o non è andato a buon fine?

Pensa solo un attimo a come potrebbe essere utile per chi deve rivedere lo stesso paziente dopo un po' e sapere già molto di lui.

Immagina come potrebbe essere facile per il tuo audioprotesista proporre un'ulteriore soluzione più tecnologica e innovativa, potendo già conoscere le obiezioni che lui ha confidato la volta precedente.

Poter ritrovare l'emozione del vissuto e l'esperienza che lo stesso paziente ha avuto in precedenza tale da farlo ritornare nel tuo centro dopo un po' di tempo.

Tornare dopo un po' e scoprire che l'audioprotesista che lo ha visitato magari tre o quattro anni fa non solo si ricorda di lui, ma anche di quello che aveva raccontato tempo fa, delle sue preoccupazioni, desideri banali o particolari, lo fa sentire senza ombra di dubbio a suo agio.

E se poi lo visita un tuo collaboratore dimostrando di conoscere molto bene la sua situazione?

Io credo che il tuo paziente senta che la fiducia riposta nel tuo centro è ben custodita.

Il primo germe che può innescare un passa parola gratuito e a costo zero per il tuo centro.

Da qui l'importanza di poter raccogliere e capitalizzare le informazioni del tuo paziente nel momento in cui ti vengono raccontate.

Qui, se lo hai fatto, non hai interrotto il viaggio del tuo cliente all'interno del tuo centro.

Hai conservato il vantaggio iniziale e lo hai passato per il futuro ai tuoi collaboratori, alla tua squadra.

Ma andiamo oltre.

Immagina il tuo paziente ancora prima che arrivi nel tuo centro acustico e alla tua diretta conoscenza.

Vive la sua vita ovviamente fuori dalla tua sfera conoscitiva.

Non sa ancora nulla.

È un nuovo potenziale paziente che vive attualmente nei pressi del tuo centro acustico ma che non conosci ancora.

A un certo momento si presenta da te o ti chiede un appuntamento avendoti chiamato a telefono.

Non sai nulla di lui, anche la tua segretaria che lo accoglie non sa nulla di lui.

Né tu né la tua segretaria immaginate che il tuo paziente dietro le sue spalle ha uno zainetto invisibile.

Si, lui c'è l'ha ma tu non lo vedi ancora.

Lo zainetto del cliente

Tutti i tuoi pazienti si presentano con il proprio zainetto che non si vede.

"Ma cosa c'è all'interno?" ti chiederai.

"Cosa mai può contenere questo bellissimo zainetto?".

Bene.

Nel suo zainetto c'è il suo bagaglio informativo.

Ma cosa c'è di tanto interessante e utile da scoprire?

Cosa devo raccogliere dal suo tesoretto che può interessami?

Ecco una serie non esaustiva di domande le cui risposte sono custodite all'interno del suo zainetto e che potrebbero essere utili per te:

- **Come ci ha conosciuto?**

  1. Per venire da me, deve aver compiuto qualche azione al di fuori del mio centro che lo ha portato a spendere le sue energie e a sceglermi. Cosa avrà fatto mai o perché si è spinto a venire proprio da me e non da un mio concorrente?
  2. Ha visto la mia insegna e passava per caso?
  3. Ha visto la mia pubblicità sul giornale?
  4. Mi ha conosciuto avendo visitato la vetrina del mio sito?
  5. Avrà sentito parlare di noi da un nostro paziente?
  6. Lo avrà mandato il suo otorino di fiducia?
  7. Altro.

Perché sono importanti queste domande?

Supponi di aver speso un po' dei tuoi soldi in pubblicità e vuoi sapere se sono stati spesi bene.

Sicuramente vorrai anche sapere se questa e/o quella pubblicità che hai fatto ti sta rendendo.

O se è meglio spendere altrove i propri guadagni?

Sapere come è arrivato da noi e perché è la prima fondamentale informazione da scoprire.

Ci fa capire come stiamo lavorando.

Ci fa capire come sta lavorando la tua comunicazione.

"Ma io sto lavorando benissimo".

"Ho un sito internet fatto da un mio carissimo amico informatico".

"Ho una agenzia pubblicitaria che cura i miei volantini, la mia immagine sui giornali".

"Ho i prodotti migliori che esistono sul mercato".

"Applico sconti super aggressivi".

Bene.

Ma tutto questo lo sa il tuo cliente?

Quello che il tuo cliente non sa di te, non esiste.

Quello che il tuo cliente non sa, non lo hai comunicato.

Anche se lo hai fatto, perché sono sicuro che lo hai fatto e hai speso anche un sacco di soldi.

Ecco perché è utile raccogliere queste informazioni. Abbiamo fatto pubblicità, ma non sappiamo se è andata a segno. Il messaggio che abbiamo utilizzato è quello percepito dal cliente? Il canale utilizzato per veicolarlo è risultato efficace? Siamo sicuri che quelli che erano i miei intenti pubblicitari e di comunicazione siano andati a segno?

• **Perché da noi e non da un altro centro?**

Un'altra fondamentale informazione da poter scoprire dentro il suo zainetto è sapere come mai è venuto da noi.

Non pensare che queste informazioni non ci siano nel suo zainetto.

Ci sono sicuramente.

Non sempre è semplice scoprirle subito, magari le scopri dopo la prima o seconda visita, ma sicuramente nel suo zainetto ci sono.

Perché è importante?

Perché in questo caso non è in gioco il brand che hai comunicato.

Non è in gioco la tua politica di comunicazione marketing e/o le tue agenzie di marketing.

Qui il cliente parla di te.

Di come lavori tu.

Di come sei diverso dagli altri.

Il perché ha scelto te.

Se non lo sai è perché non hai ascoltato il loro punto di vista.

Non sai cosa stai comunicando hai tuoi clienti.

Non puoi dire al tuo pubblicitario o al tuo marketing interno:

- Ascolta, la prossima campagna pubblicitaria di comunicazione voglio sia centrata su: …!
- Mi piacerebbe che i miei potenziali clienti sappiano che noi lavoriamo così: …

Testimonianze raccolte durante la mia analisi:

- Sì, sono venuto da voi perché un mio amico me ne ha parlato molto bene. Bingo. Sto lavorando bene e i miei pazienti sono così contenti che fanno marketing al posto mio. Cos'altro desiderare? È il massimo.

- Ma guardi, sono andato al centro … ho speso un sacco di soldi ma non sento ancora bene, mi hanno detto che voi siete speciali, e competenti. Ci supportate nelle pratiche Asl. Bene, il paziente è disposto a risolvere un suo disagio, deluso dall'esperienza e ha fiducia in me.

- Da quando vi ho conosciuto ho capito la differenza tra voi e gli altri. Siete molto attenti al paziente, lo richiamate più volte per controlli, si vede che ci tenete alla persona e non a vendere l'apparecchio e basta. Con voi sono tranquilla. So che posso fidarmi.

Se i tuoi clienti sanno che lavori in un certo modo, vuol dire che lo hai comunicato.

Se hai questa consapevolezza allora la puoi trasmettere in tutte le tue forme di comunicazione.

Sulle risorse, tra i tuoi collaboratori, sapere queste informazioni dà concretezza all'immagine che vuoi veicolare del tuo centro.

Se non raccogliessi queste testimonianze potresti fare solo delle ipotesi.

Non saprai se i tuoi sforzi sono ripagati dall'immagine che il tuo centro sta veicolando all'esterno.

Il tuo brand si consolida.

Il tuo Personal Branding si consolida.

Finalmente potrai dire:

- Io … sono conosciuto per …, i miei clienti me lo riconoscono.

- ## Cosa l'ha spinta a venire da noi?

"Ma guardi, l'altro giorno mi ha telefonato mio nipote perché voleva che lo accompagnassi al cinema, ma non ho sentito la sua telefonata. L'ho saputo quando è venuto da me spaventato perché non rispondevo. Allora mi sono deciso a venire da voi e cercare di risolvere il problema. Non voglio perdere in futuro questa gioia. Soprattutto non voglio che si spaventi inutilmente".

Sapere questo prima della visita o nel durante, rappresenta un vantaggio per chi deve risolvere la situazione.

Saperlo è sicuramente un grosso passo per chi visita il paziente.

Tutto questo per dire che un'indagine ben condotta sin dalle prime fasi sapendo cosa raccogliere è fondamentale per l'inizio del percorso che il paziente fa all'interno del centro acustico.

Raccogliere queste informazioni e metterle a disposizione è necessario per chi deve poi proseguire, accompagnando il paziente nel suo viaggio verso la soluzione del suo disagio.

È come dire: "oggi sei qui con questo problema, prova a immaginare come potrebbe essere quando …".

Se ci pensi bene, quando un tuo paziente rimane soddisfatto della soluzione che gli hai proposto, è perché lo hai portato da uno stato mentale iniziale a una situazione da lui desiderata.

Stai parlando del suo viaggio, del suo passaggio da una situazione di disagio a una ideale.

Questo è il viaggio che fa lui.

Altro è quello che fa lui attraversando il tuo centro acustico.

Arriva nel tuo centro sapendo esattamente o inconsapevolmente che deve risolvere un suo problema, altrimenti non supererebbe tutte le resistenze quotidiane che ha affrontato con fatica per venire da te.

Sei tu che devi scoprire il suo zainetto.

Se durante il suo percorso riesci a scoprire qual è il suo disagio concreto, quotidiano, e quale sarebbe la sua massima soddisfazione, sai già molto di lui.

Lui ti dirà: "Buongiorno, sono venuto perché ho dei problemi di udito e vorrei sentire meglio, vorrei un appuntamento".

Gli dai un appuntamento, ma cosa sai di lui?

Nulla.

Potresti iniziare a vendere già in quel momento.

Tu o la tua segretaria.

Come?

Scendendo un attimo più in profondità.

Ti ha chiamato, è venuto, ha già superato le sue credenze limitanti, la sua zona di comfort.

È disposto a parlarti anche se gli dai un appuntamento tra una settimana.

Ma quello che puoi scoprire in quel momento è vitale.

Scendere nel concreto vuol dire: "Mi racconti meglio, cosa è successo per dirmi ciò?".

"Sa, l'altro giorno…".

È fatta.

Ti ha raccontato qualcosa di lui, una scena, un episodio, che riprenderai quando gli proponi la soluzione.

Puoi dirgli: "Vede, adesso se chiama il suo nipotino, sicuramente non si perderà il cinema con lui. Adesso non si spaventerà per nulla".

Sarai il suo specialista per sempre.

Sei riuscito a portarlo da una stato all'altro, da una situazione di disagio a una di benessere e tranquillità.

Ma parlando di episodi concreti della sua vita quotidiana.

Fin qui potrebbe sembrare semplice e magari già lo fai.

Ma se chi raccoglie queste confidenze non è l'audioprotesista che lo vedrà?

Come fa l'audioprotesista che non ha raccolto queste confidenze a poter entrare nella sua sfera dei bisogni concreti di vita reale?

Certo, potrebbe farlo in quel contesto di prima visita.

Ma quanto dovrebbe spendere in tempo per far ciò?

Se lui avesse la possibilità di sapere qual è stata la chiacchierata in fase di appuntamento, sarebbe molto agevolato.

Darebbe anche l'immagine di un centro molto organizzato, che ci tiene al suo paziente.

Fornirebbe al paziente l'immagine di un centro acustico dove tutti, in squadra, hanno cura di lui.

Tornando alla domanda iniziale:

Cosa l'ha spinta a venir da noi?

Se l'imprenditore imposta la filosofia del suo centro su un elemento distintivo che lo differenzia dal resto del mondo per poter essere più attrattivo di altri, allora vorrà sapere se i suoi sforzi sono ripagati.

Chi può dirlo se non i suoi pazienti?

Chi può dirlo se i suoi sforzi di formazione sul personale, i suoi investimenti sono ben ripagati?

Concludendo.

Se avesse la possibilità di poter leggere i commenti dei suoi pazienti, saprebbe senza ombra di dubbio perché hanno scelto lui.

Questo è fondamentale per poter raccogliere clienti come quelli che ha già, ma che non conosce ancora.

3.3 Processi – Come gestire i processi interni

Abbiamo trattato la prima fase relativa all'incontro iniziale con il paziente, vediamo ora come il viaggio prosegue.

Bene.

Arriva l'appuntamento ed entra in campo sicuramente l'audioprotesista.

In questa fase, al di là dell'indagine più approfondita che viene sicuramente svolta dallo specialista, arriva il momento in cui si prospettano di norma un paio di possibilità:

- Il paziente si informa sulla proposta che viene prospettata e decide di richiedere solamente un preventivo. In concreto va via con un preventivo uscendo dal tuo centro senza un apparecchio acustico.
- Il paziente viene e accetta una prova o acquista direttamente l'apparecchio acustico.

In questa fase le informazioni che il paziente lascia al centro acustico sono numerose e di notevole importanza.

Ma, al di là di quelle basilari di prodotto, si aggiungono per l'imprenditore importanti informazioni sulla gestione di questa fase.

Le informazioni che gli serviranno in modo aggregato sono di natura gestionale e gli consentiranno di avere una visione più puntuale di ciò che è avvenuto in questa fase.

In entrambi i casi le informazioni importanti che possono dare risposta a delle domande che l'imprenditore può porsi per capire meglio il suo centro possono essere:

- Quanti pazienti arrivati da … (Facebook, recapito farmacia, otorino, …).
- Quanti hanno avuto un preventivo?
- Da quale sede o audioprotesista?
- Quanti sono stati convertiti in vendita?

Quanti imprenditori vorrebbero trovare risposta a questa domanda?

Quanti vorrebbero sapere se gli investimenti fatti con Facebook, da questo o quel recapito, dalla pubblicità sul giornale, dal tirocinante appena preso, o dall'audioprotesista appena assunto o operante presso una filiale diversa, sono stati proficui?

In questa fase, al di là delle informazioni basilari riguardanti il prodotto proposto, bisogna focalizzarsi anche su quelle informazioni che indicano come il centro sta operando.

Poter rispondere anche a "come" e a "cosa" i processi di vendita stanno convertendo.

Sapere come e dove poter investire è fondamentale per essere più efficaci e avere un ritorno secondo i desideri dell'imprenditore.

Per cui in questa fase è utile sapere:

- Il canale di provenienza del cliente associato al preventivo/vendita.
- La sede/filiale/recapito associato al preventivo/vendita.
- L'audioprotesista che ha proposto il preventivo/vendita.

Ricordo la testimonianza di un mio cliente quando iniziò a parlarmi dei risultati ottenuti dalle campagne di marketing.

Mi disse: «Sai Massimo, noi spendiamo un sacco di soldi per i call center o per Facebook o altro. Sapere quante persone mi entrano da questi canali potrebbe essere facile, ma quello che mi serve sapere oltre a questo è **quante di queste** hanno generato fatturato. I call center vengono pagati in relazione al numero delle segnalazioni o ad appuntamento confermato. Potrebbe essere utile per me sapere quanti di questi hanno concluso la vendita. L'efficacia della campagna la vorrei misurare anche sulla vendita fatta o sull'esame audiometrico rilevato. È vero che se riesco a vendere o risolvere il problema del mio paziente dipende da me. Ma è anche utile e opportuno sapere quanti contatti "protesizzabili" mi sono stati segnalati. In altre parole valutare la qualità della segnalazione. Poter ricavare queste informazioni mentre stai facendo il tuo lavoro e poterle analizzare con un click quando indossi la maglia dell'imprenditore sarebbe il massimo».

3.4 Il fatturato

Questa parte è quella più presidiata dal centro acustico.

Misura ovviamente l'attività di vendita e la sua crescita o diminuzione.

È la parte dove qualsiasi strumento ne testimonia l'andamento.

Qui non serve sapere se excel è idoneo, o se lo sono altri prodotti.

Tutti, chi più chi meno dovranno produrre una fattura o tenere traccia di cosa si è venduto.

Sembrerebbe il momento più facile dove tutti sono attrezzati a svolgere al meglio questa parte funzionale del processo.

Ma vediamo anche in questo caso cosa può essere utile all'imprenditore.

- Come sta andando il fatturato rispetto al mese scorso o allo stesso periodo dell'anno scorso?

In questo caso, non credo si debba rivolgere al suo commercialista per chiederlo.

Un foglio excel, un qualsiasi applicativo specifico per la gestione della fatturazione è in grado di rispondere.

Ma supponiamo per un attimo che voglia sapere:

- Quanto di questo fatturato riguarda le vendite private o in convenzione Asl?
- Quanto di questo fatturato ha riguardato la vendita di apparecchi acustici, accessori, pile o riparazioni?
- Quanti pazienti hanno rinnovato la fornitura Asl?

- Quanto fatturato è attribuibile a questa o quella filiale/audiopro-tesista?

- Quanto di questo fatturato è stato erogato in regime di riconducibilità?

- Quanto di questo fatturato arriva da clienti agganciati tramite quella particolare campagna marketing che ho commissionato?

- Ecc.

Potrei proseguire ancora con una lunga lista alimentata dalla più creativa fantasia dell'imprenditore.

Ma quante di queste domande hanno una risposta?

Ma sarà veramente necessario che l'imprenditore si ponga tutte queste curiosità?

Sicuramente sì, se vuole conoscere come il suo fatturato si sta concretizzando in aumento o in diminuzione.

Sapere perché sta crescendo o perché sta diminuendo serve eccome.

Spingere o no su questo o quell'investimento pubblicitario è determinante.

Qualsiasi modello di business non può prescindere dall'evidenziare la provenienza del tuo fatturato e da quali canali si forma e si alimenta.

Se li ho creati io questi canali, con la pubblicità, con le mie relazioni, con le mie iniziative ed eventi, e così via, devo pur sapere se stanno funzionando e se vanno rivisti o se devo spingere di più.

Se ho investito in un'auto per andare a una certa velocità, vorrei pur sapere se ho speso bene. E se non va alla velocità che desidero, devo poter avere delle spie sul cruscotto che me lo facciano capire.

Ma per fare questo, e rimaniamo solo sulla parte del fatturato, devo avere le informazioni che mi consentono di poter dare risposte alle mie domande.

Ma se ho un foglio excel, o un software che mi assolve solo alla fatturazione, come faccio a legare questo mondo al percorso che il mio paziente ha già fatto all'interno del mio centro?

Come faccio a legare questo fatturato alla provenienza del cliente, allo specialista, o se trattasi di rinnovo Asl o no.

"Ok! Ho capito. Mi fermo tutte le sere e dopo avere visitato l'ultimo cliente, mi dedico a questo. Creo un foglio excel pescando dai clienti e dalla fatturazione e metto insieme le informazioni".

Ovviamente non è questa la soluzione, meglio tornare a casa e andare subito a letto.

Mi ricordo quando un mio potenziale cliente manifestò interesse al mio gestionale.

Gli fornii la demo, gli diedi supporto e formazione su quello che gestiva, in pratica gli fornii una esaustiva panoramica delle funzioni svolte dal mio gestionale.

Dopo circa un mesetto ritornai a sentirlo e mi disse:

«Buongiorno Ingegner Lanotte, ho visto il suo gestionale. Molto interessante, intuitivo, completo, decisamente fatto bene. Ma io stavo cercando un software per gestire i clienti, una sorta di schedario clienti, e poi ... non volevo spendere questi soldi».

Risposi: «Grazie per l'apprezzamento che mi fa, ma mi tolga una curiosità, come fatturazione cosa ha, e quanti applicativi ha per gestire il suo centro».

Risponde: «Per la fatturazione ho …, per la contabilità ho …, per gli esami mi basta Noah».

Rispondo: «Ma quanto spende per tutti questi software? E quanto impiega a integrare le informazioni dei suoi clienti?».

«Spendo molto, ma è per questo motivo che non chiedevo una Ferrari ma una utilitaria. Il suo gestionale è una Ferrari. E poi, ho una mia segretaria di fiducia che è dedicata proprio a fornirmi le statistiche di cui ho bisogno integrando le varie applicazioni con delle estrazioni excel».

Ci siamo cortesemente salutati.

Molto spesso ci si focalizza sulla nuova spesa ma raramente su quelle che si stanno già sostenendo.

Una nuova spesa, a volte, può eliminarne altre.

Spero un giorno, se e quando leggerà il mio libro, di ricevere una sua telefonata di interesse.

In definitiva, avere questa parte funzionale del percorso agganciata ai processi precedenti e seguenti in modo integrato con il resto del tuo sistema informativo, rende facile la tua vita se vuoi analizzare e dare conto ai tuoi investimenti.

Quindi la domanda in questo caso che un imprenditore vuole farsi e avere una adeguata risposta è:

Come il mio fatturato si sta creando e generando?

Saperlo in tempo utile ti farebbe risparmiare un po' di soldi o ti fornirebbe risposte vantaggiose per incrementarlo maggiormente o correggere subito le tue azioni, se sta calando.

3.5 I costi

Continuando nel percorso.

Abbiamo iniziato dal cliente, prima ancora di presentarsi al tuo centro acustico abbiamo scoperto qualcosa del suo zainetto.

Successivamente abbiamo analizzato le variabili gestionali che interessano i processi di fatturazione.

Adesso ci mancano i costi.

Perché conoscere puntualmente i costi del tuo centro acustico è importante e fondamentale?

Proviamo a immaginare di essere a fine anno, anzi, di essere chiamati dal nostro commercialista di fiducia per illustrarci e darci conto delle imposte che dobbiamo affrontare per l'esercizio appena trascorso.

Quante volte ci siamo trovati ad affrontare una sorpresa, non sempre piacevole?

Mi dice il mio commercialista: «Sa, Ingegnere, l'anno scorso è stato realizzato un bel fatturato, in crescita rispetto all'anno precedente, ma purtroppo i costi sono lievitati e si è chiuso quasi in pareggio. Ma da un lato si sono pagate poche imposte, gli studi di settore ci dicono che il fatturato doveva essere superiore a quello effettivamente realizzato».

Cosa fate vi adeguate o risultate incongruenti? Però sappiate che, se non vi adeguate, possono esserci controlli da parte dell'Agenzia delle Entrate. Cosa decidete?

«Mi scusi Dottore - ribatto - Ma che storia è! Abbiamo osservato le regole più rigide possibili, e ci troviamo a dover dichiarare un fatturato presunto e non realizzato per dormir tranquilli? Noi siamo tranquilli».

«Certo - riprende il Dottore - Ma con i costi che avete sostenuto l'Agenzia delle Entrate presume che ci sia un fatturato superiore a quello dichiarato».

«Ma è assurdo dottore, se avessi saputo in tempo avrei risparmiato e rimandato alcune spese e o investimenti nell'esercizio successivo».

«Ha ragione, ma ormai i giochi sono fatti e questa è la realtà».

Risultato: il Dottore ha svolto correttamente le sue valutazioni, noi non possiamo fare nulla, quindi, o dichiariamo ciò che non è stato o paghiamo più tasse per adeguarci.

Ora, come poter sapere in tempo e poter governare il tuo risultato economico?

La risposta è quasi scontata.

Non sbarazzarti subito delle tue fatture se non vuoi dipendere da altri.

Questo non vuol dire che tu devi fare anche il commercialista.

Lui è interessato alla parte fiscale della tua azienda, tu a quella economica e gestionale.

Due obiettivi e punti di vista diversi della stessa realtà.

Per sapere come sta andando la tua azienda non necessariamente devi sapere quante tasse andrai a pagare a fine anno.

Puoi sempre chiedere al tuo commercialista di farti fare un punto della situazione a metà anno e a settembre di avere una ragionevole previsione di quanto potrebbero ammontare.

Ma il tuo utile ante imposte si crea mese per mese e conoscerlo subito è importante.

Qualcuno potrebbe obiettare: "Ma cosa mi serve sapere se l'utile che vedo non è reale?".

Vero. Non è reale ai fini fiscali, non è quello che prenderai in considerazione per calcolare le tasse, ma l'utile delle tasse è quello che avrai o non avrai alla fine dell'anno.

Sarà quello che si formerà mese per mese mentre stai lavorando. Sapere come si sta formando ti consente di controllarlo, di pianificarlo, di gestirlo, di poterlo condizionare con i tuoi interventi del mentre. Potrai avere un'arma in più che altrimenti non andrai mai a utilizzare.

Quindi diventa di vitale importanza poter registrare i costi man mano che ne veniamo a conoscenza.

Certo mi rendo conto che è molto più semplice dare subito la fattura al commercialista.

Me se ci fermiamo un attimo a pensare, ci rendiamo conto che in quell'istante ci stiamo sbarazzando di una fondamentale informazione che potrebbe esserci utile ora, in questo momento.

Non dopo tre mesi o dopo sei o dopo un anno.

Come faccio a rapportare ora la mia fattura di vendita, la mia entrata, se non so e non posso riferirla ora al costo che sto sostenendo?

Quanto mi resta di questa vendita se non conosco quanto sto spendendo?

Se lo saprò, sarà tra sei mesi, alla fine dell'anno, o dopo tre mesi dalla chiusura annuale del bilancio.

Sapere al momento, o al massimo alla fine del mese, quanto mi rimane dalle mie vendite mi permette di correggere il tiro il mese successivo.

Sapere quanto sto guadagnando mese per mese mi dà la possibilità di avere una marcia in più il mese successivo.

Poter stringere sui costi, sulle politiche di acquisto verso i fornitori.

Poter rivedere le strategie di vendita.

Per cui, la parte fondamentale di questo argomento è avere la consapevolezza di sbarazzarsi della fattura dei fornitori dopo aver trattenuto le informazioni determinanti per completare la visione complessiva del mio centro acustico.

Dopo aver trattenuto le elementari informazioni sulla spesa, la trasmetterò al mio commercialista.

A questo punto ho tutti gli elementi per arrivare finalmente a conoscere il mio margine operativo lordo mese per mese: **l'utile prima delle tasse**.

3.6 – L'utile prima delle tasse

Come abbiamo visto, per arrivare in cima alla Piramide del valore diventa determinante percorrere alcuni step precedenti, fondamentali ed essenziali per l'obiettivo.

Riepilogando in breve.

Clienti: Raccogliere informazioni utili dal cliente sapendo quale obiettivo raggiungere e quali risposte avere.

Processi: Adottare adeguati processi operativi per raccogliere le informazioni basilari in relazione all'obiettivo da raggiungere.

Fatturato: Rappresentare questa fondamentale grandezza seguendo gli elementi principali che l'hanno determinata, analizzando la fonte.

Costi: Raccogliere le informazioni sulle spese prima di sbarazzarsi dei documenti.

Utile: Conoscere l'utile in tempo utile.

A questo punto, se tutte le fasi precedenti sono state scalate, sembrerebbe facile arrivare in cima.

Ma il come arrivarci non è un aspetto da sottovalutare.

Avere uno strumento gestionale che ti fa percorrere i vari step è ovviamente più facile.

Se non hai un solo strumento, ma ne hai più di uno?

Hai il problema dell'integrazione e sarai sempre impegnato a rincorrere le informazioni sui vari strumenti.

Se adotti un unico strumento gestionale software sarà più semplice e facile raggiungere il tuo scopo.

Nel settore dei centri acustici ci sono software specifici, progettati in passato, ma anche di più recenti.

Mi ricordo di una volta quando andai a trovare un mio cliente e lo intervistai proprio su questo.

Gli chiesi: «Ma sai qual è il tuo utile?».

«Certo - rispose - l'ultimo sabato del mese mi prendo un momento e guardo i risultati ottenuti».

«Bene, se lo sai alla fine del mese è un ottimo risultato - gli dissi - ma mi sapresti dire come fai ad averlo sempre alla fine del mese?».

«Certo - continuò - ogni sera dedico quasi un'ora del mio tempo a registrarmi il fatturato».

«E i costi?» gli chiesi.

«Ah no, quelli me li registra la mia segretaria tutti i giorni quando arrivano le fatture» disse.

«Ma allora chi li mette insieme i costi e il fatturato?» continuai.

«Ho lì l'excel delle spese creato dalla mia segretaria. Il file delle entrate lo faccio io e quindi mi calcolo l'utile» mi spiegò.

«Bene - gli dissi - sei già a un buon risultato, ma se vuoi sapere quanto utile ha realizzato la tua filiale di Monza, riesci a saperlo?».

«Beh no - esclamò - sarebbe troppo oneroso per me riuscire a determinarlo, so a livello generale, ma non certo a livello della mia filiale».

Gli dissi: «Sai quanto stai spendendo per avere questo risultato?».

«Nulla, parte lo faccio io e gran parte la mia segretaria che comunque è stipendiata per far questo e altro» mi spiegò.

«Sicuramente hai il costo della tua segretaria» replicai «ma il tuo costo non lo consideri? Se questo lo facesse un gestionale al posto tuo? Se pensi che dedichi al calcolo un'ora al giorno verrebbero 21 ore, aggiungi le 4 ore del sabato fanno 25 tue ore dedicate all'argomento. Non preferiresti impiegare questo tempo all'apertura ai clienti al sabato o magari passarle in famiglia? O impiegare la tua segretaria a richiamare i clienti che non vedi da un po' di tempo?».

«Beh, se ci fosse qualcosa che mi permettesse questo lo farei subito» disse.

«Ma scusami una domanda ancora - chiesi - come mai il fatturato che fai con i tuoi clienti non lo fai registrare alla tua segretaria, dal momento che si occupa già dei costi?».

«Vorrei tenere separate le due cose, sai …» confidò.

«Beh, ma allora oggi ci sono strumenti software che determinano cosa devono vedere le varie funzioni e cosa no. Lo decidi tu - replicai - devi solo decidere cosa vuoi fare, se occuparti del tuo centro acustico guardando in un attimo i dati che lo governano o se vuoi impiegare parte del tuo tempo prezioso a registrare le tue informazioni. Ti dico questo perché se hai la consapevolezza di dover scalare la piramide della tua azienda, devi anche poter disporre di strumenti che ti aiutino a ottimizzare il tuo tempo e poterlo dedicare ad attività di sviluppo e di crescita del tuo centro acustico».

Come abbiamo visto, arrivare all'utile in tempo utile è importante.

Devi poter guardare il film del tuo centro acustico sempre e in qualsiasi momento per poter governare la tua azienda mentre sta operando.

Puoi sicuramente arrivarci con notevole sforzo, ma se hai raggiunto la meta con i tuoi strumenti, con excel, vuol dire che stai facendo uno sforzo immane a voler rappresentare in decine di fogli immagini diverse del tuo centro.

È come mettere in fila una miriade di istantanee quando potresti guardare il film della tua azienda comodamente seduto.

Se hai un gestionale, sarà lui a darti le informazioni utili che tu e le tue funzioni hanno inserito durante i loro processi di lavoro.

Ma attenzione, se il tuo gestionale guarda solo i tuoi processi, le informazioni di base dei tuoi clienti, i dati operativi della fatturazione, e non va oltre a quelle che sono le tue variabili aziendali da tenere sotto controllo, non servirà a nulla.

Avrai ottenuto un risultato parziale che ti porterà a una visione incompleta del tuo centro senza poter muovere le leve necessarie per la crescita del tuo business.

Tornerai inevitabilmente a creare le statistiche che il tuo gestionale non ti ha predisposto.

4

Il cliente e le risorse umane

4.1 Il tuo cliente – Grande protagonista

Quando ho iniziato a immaginare come dovevo costruire il mio software, una parte fondamentale l'ho dedicata alle risorse interne del centro acustico.

Mi spiego.

Di solito, ma non sempre, quando si inizia un progetto software, si ha un committente.

Può essere un imprenditore che orienta lo sviluppo con la sua esperienza, un amministrativo, un contabile, un commerciale.

Comunque un preciso committente che orienta lo sviluppo dei tecnici con la sua visione.

I tecnici e i programmatori, traducono questa visione in un progetto software.

Quando lavoravo in KPMG, ma anche dopo in banca, le metodologie che usavo per la selezione dei software per i nostri clienti mi hanno portato ad approfondire l'argomento per poter scegliere, tra le varie soluzioni, quella che poteva fare al caso.

Da qui ho maturato l'esperienza di conoscere in profondità i vari progetti software valutandone le specifiche caratteristiche.

Molti, lo si vedeva subito, erano estremamente funzionali allo scopo, ma pesanti nell'implementazione.

In altre parole garantivano in pieno quelle che erano le aspettative del cliente, ma quando si andava a introdurli in azienda vedevi le varie funzioni che dovevano abbandonare le loro abitudini sui processi lavorativi perché si trovavano di fronte una montagna da scalare.

Vedevo le espressioni delle persone all'interno dell'azienda manifestare a volte panico, a volte scetticismo, poca voglia di applicarsi e superare la normale resistenza al cambiamento.

Mi dicevano: «Per vent'anni ho fatto così e l'azienda è sempre andata avanti, ora mi tocca iniziare daccapo con queste nuove procedure. Che balle!».

Non sempre accadeva questo però.

Quando si presentava la nuova procedura all'imprenditore o al suo staff, vedevo soddisfazione e voglia di iniziare.

Ma quando si presentavano le funzioni del software alle linee operative, la musica cambiava.

Perché?

In molti casi le applicazioni rispecchiavano come ho detto prima la visione del committente.

Quando la procedura software si presentava all'imprenditore, nessun problema.

Quando si andava su funzioni operative, molto spesso queste mal digerivano il cambiamento e le novità.

Perché?

Perché il software non rappresentava il modo di vedere l'operatività con gli occhi di chi aveva operato sempre in un certo modo.

Se a questo aggiungiamo la necessità di superare una inevitabile e comprensibile resistenza al cambiamento, l'insuccesso del progetto era dietro l'angolo.

Questo accadeva il più delle volte quando la fase progettuale del software non teneva conto della realtà multifunzionale del cliente, ma era orientato su un'unica visione.

In conclusione quando si inizia un progetto di questo tipo bisogna tener conto delle esigenze di tutte le funzioni aziendali.

Quali funzioni bisogna considerare e quali processi funzionali devono integrarsi?

A questa domanda spesso non viene data risposta.

Questo il motivo per cui la maggior parte dei software risultano funzionali e fantastici, ma poi quando vengono introdotti in azienda, si scoprono queste particolari caratteristiche che possono portare l'imprenditore o a un utilizzo parziale, o a riconsiderare la scelta.

Ovviamente con notevole dispendio di risorse economiche e di tempo di formazione a volte vanificato.

Questo era quello che volevo in tutti i modi evitare quando ho iniziato a pensare Audilan nella mia mente.

Come potevo realizzare un software che garantisse le principali funzioni del settore audioprotesico e risultare allo stesso tempo di facile implementazione?

L'imprenditore e le sue risorse devono poter ricevere un aiuto dal software, non deve il software essere un problema.

Il software ti deve sostenere mentre lavori, non deve essere un ostacolo al tuo lavoro.

Ma soprattutto deve poter risolvere la tua necessità primaria: conoscere meglio il centro acustico in tutti i suoi aspetti, per poter governare secondo i tuoi obiettivi.

Come si può immaginare decisi di rivolgermi a più funzioni, cercando di capire le necessità di ciascuna di loro.

Alla segretaria con funzioni di accoglienza del cliente, alla segretaria amministrativa, all'audioprotesista tecnico, all'audioprotesista venditore, all'audioprotesista imprenditore.

Sapere quello che fanno, come lo fanno e perché lo fanno.

Il software doveva rispondere a queste necessità, non solo a una di queste, ma a tutte.

Ma mancava ancora un committente, forse il più importante e quello che devo dire mi ha condizionato più di ogni altra funzione: il cliente.

Sì, il cliente del centro acustico.

Vi chiederete come mai il cliente possa essere il committente di una procedura software che neanche vede e usa e neanche sa dell'esistenza.

Questo, a mio avviso, è stato il principale ispiratore.

Immaginatevi un programmatore che sta sviluppando un software per un centro acustico.

La cosa più normale che fa il programmatore è passare il centro acustico ai Raggi X, analizzando le necessità e i bisogni funzionali da risolvere.

Fin qui mi sembra normale.

Ma il cliente del centro acustico, quello che usufruisce dei servizi che il centro offre, interagirà mai con il software che avrà fatto il programmatore?

Se il programmatore cercasse di intervistare il cliente cosa accadrebbe secondo voi?

Almeno una cosa.

Che il cliente guarderebbe il programmatore con occhi spalancati chiedendogli: «Ma cosa vuole? mi lasci in pace».

Ovviamente ho evitato di ricevere queste risposte, ma sapevo per certo che dovevo scoprire e conoscere le sue necessità.

Il cliente non sa ovviamente che l'audioprotesista ha un software né come funziona.

L'audioprotesista sa quali esigenze ha il cliente e sa benissimo come risolvere il suo problema di ipoacusia.

Molte risposte l'audioprotesista le conosce benissimo.

Ma quali bisogni potrebbe avere il cliente che l'audioprotesista potrebbe risolvere con l'aiuto di un software, oltre che con l'apparecchio acustico?

Ho iniziato a pensare a quali domande potrebbe porsi il cliente e quali risposte desidererebbe avere quando entra e si relaziona con un centro acustico.

Ero nel mio pensatoio quando ho iniziato a ricordarmi e a immaginare quello che i clienti pensavano e a volte esplicitavano. Cercavo di immaginare le famose nuvolette, questa volta non sui miei colleghi, ma sui clienti:

- Come ha fatto Giovanna (segretaria) a ricordarsi il mio nome dopo tanto tempo? Eppure ero entrata solo una volta tanti anni fa a chiedere informazioni.
- Come ha fatto Mattia (audioprotesista) a ricordarsi che il disagio più grande era quello di non capire i miei amici al telefono, ero venuto l'anno scorso ma mi aveva visitato Andrea in quell'occasione.
- Come ha fatto Alessia (audioprotesista) a sapere che ho rimandato l'acquisto dell'apparecchio l'anno scorso perché non ero ancora decisa a risolvere il mio disagio?
- Come ha fatto Alice (segretaria) a ricordarsi di me e richiamarmi dopo due anni chiedendomi come va?
- Sai Carlo chi mi ha chiamato oggi per farmi gli auguri di compleanno prima che me li facessi tu? No, chi? Marika, la segretaria che ho conosciuto quando sono andata a comprarmi gli apparecchi acustici.

Cosa avrà percepito il cliente di fronte a questo tipo di relazione e atteggiamento da parte del centro acustico?

Il centro è attento ai miei bisogni, alle mie necessità.

Ho pensato: «Se potessi creare un sistema che aiuti i centri acustici a ricordarsi dei momenti quotidiani che i clienti raccontano al proprio audioprotesista o segretaria, potrebbe essere figo?».

Otterrei due obiettivi:

- Suscitare un'emozione, sia pur piccola, nel cliente che ha risposto a queste domande, mi permette di entrare meglio in relazione con lui.

- Potrei aiutare il centro a utilizzare queste tecniche per una migliore fidelizzazione.

A queste domande se ne sono aggiunte molte altre che ho inserito nel mio progetto software, con notevole soddisfazione da parte di chi oggi già lo utilizza.

Avevo ormai un quadro completo che mi indicava la direzione da prendere.

A questo punto conoscevo le necessità e i bisogni dell'imprenditore e delle funzioni interne.

Sapevo come aiutare i centri con uno strumento per dare valore alla relazione con il cliente.

Ho messo in campo una serie di necessità e bisogni che il cliente ha piacere di risolvere, a prescindere del suo problema principale dell'ipoacusia.

La ricetta era completa.

Adesso all'opera.

4.2 Il team interno e la catena del valore

Un altro concetto che ho sviluppato è stato quello delle risorse interne e del come si relazionano con il gestionale da utilizzare.

Mi spiego.

Il cliente percorre il suo cammino iniziando il suo viaggio, come abbiamo visto, dal di fuori e poi all'interno del centro acustico che ha deciso di conoscere.

Ma cosa trova appena entra in contatto con il centro acustico?

Cosa vede?

Cosa conosce subito?

Un manifesto, un volantino, un post di Facebook, una vetrina, un amico che gli ha parlato del centro, una segretaria al telefono, una segretaria in reception, o un audioprotesista, o direttamente l'audioprotesista imprenditore?

Che mondo! Una miriade di situazioni da quella più diretta alla meno diretta.

Ma in otto secondi cosa penserà?

Che sensazioni inizia ad avere?

Cosa avrà in quel suo zainetto che gelosamente porta sempre con sé?

Bene, comunque vada e qualunque sia il prosieguo del suo viaggio, sicuramente entrerà in contatto in vario modo con le risorse interne del centro.

A ognuno lascerà qualcosa, qualche notizia di sé, qualche informazione, a qualcuno racconterà perché è lì, qual è il suo problema, cosa vorrebbe risolvere, quando vorrebbe risolverlo, quanto gli costerà risolverlo, cosa si immagina lui di dover fare per risolverlo.

A ogni passo del suo viaggio vediamo pian piano il suo zainetto svuotarsi.

E allora come fa l'audioprotesista a sapere che il cliente ha già percorso parte del suo cammino quando lo sta visitando?

Con quali funzioni il cliente si è già relazionato?

Ma cosa è successo? In questo meraviglioso cammino?

Il cliente ha lasciato la sua traccia, ha raccontato se stesso, i suoi problemi, i suoi disagi, le sue aspettative, ha trovato qualcuno in sintonia con lui.

Ma spesso, come accade nei centri più grandi, possono essere molte le risorse con cui viene a contatto il cliente in tempi e momenti diversi.

Il cliente può iniziare il suo cammino con una telefonata e finire con l'audioprotesista dopo aver visto magari due o tre risorse prima di arrivare da colui che risolverà il suo disagio.

Finché il centro acustico è strutturato con una persona, il viaggio può essere semplice.

Ma quando il cliente inizia a interfacciarsi con due o tre persone dall'inizio del suo cammino alla fine, il viaggio può essere meno semplice.

Come può la risorsa ultima della catena accedere a tutte le informazioni?

Come poter conoscere quello che il cliente stesso ha detto all'inizio del suo percorso?

L'audioprotesista in visita potrebbe venire a conoscenza in quel momento di informazioni utili per comprendere meglio e anticipare le problematiche o le confidenze che il cliente ha raccontato al telefono con la segretaria.

Può iniziare una relazione sapendo già cosa il cliente ha raccontato.

Sapere già qualcosa del cliente potrebbe agevolare l'audioprotesista durante la visita a mettersi già in rapporto con lui.

Conquistarsi la fiducia subito con un nuovo cliente potrebbe essere un'occasione di vantaggio.

Nella maggior parte delle situazioni, il cliente viene visitato dopo un appuntamento preso in precedenza.

Ti racconto la metafora della staffetta 4x4.

È una delle discipline olimpiche più affascinanti che possano esistere.

Sono in quattro più il loro testimone.

Parte il primo.

Sembrerebbe essere stato scelto a caso tra i quattro.

Ma non è così.

Ovviamente parte in quarta, come si suol dire.

Dà l'anima per ottenere un primo risultato di distacco.

Questo è il suo personale obiettivo, sa che quello che sta facendo non dipende solo da lui.

Per questo si trova nella condizione non più soggettiva ma oggettiva, di dover dare l'anima.

Passa il testimone al secondo compagno di squadra.

Il secondo non gli toglie lo sguardo di dosso, sta per ricevere il testimone.

Arriva.

Prende il testimone.

Il testimone

Il secondo sembrerebbe partire come il primo, ma non è così ovviamente.

Non siamo nella fase iniziale dello sprint, prende il testimone già in corsa.

Come si sul dire parte avviato.

Il suo obiettivo è mantenere il distacco conquistato dal primo suo compagno di squadra.

La sua fase sarà di resistenza e mantenimento.

La sua corsa sarà costante e lineare.

Il terzo corre come il secondo.

Il vantaggio rimane costante.

Il terzo arriva in prossimità del quarto.

Come sarà la corsa del quarto?

Anche lui parte.

Sarà come il secondo e il terzo o come il primo?

Il quarto darà il massimo per lo sprint finale.

È partito anche lui avviato, ma gli ultimi 50 metri deve dare il massimo.

All'inizio sembravano tutti uguali, tutti con lo stesso strategico obiettivo di vincere, ma ciascuno aveva una tattica diversa.

Hanno vinto.

Ma anche lo spettatore, in tribuna ha visto vincere la sua squadra.

Ognuno di essi ha portato valore all'altro.

In questo caso hanno mantenuto il vantaggio iniziale che magari è aumentato durante tutta la gara.

Ognuno ha lavorato seguendo il proprio obiettivo, ma tutti hanno concorso al risultato finale, verso un traguardo condiviso più grande.

Ecco, torniamo adesso al viaggio del cliente che esulta quando esce dal tuo centro perché ha vinto la sua battaglia.

Il cliente è come lo spettatore che esulta perché ha vinto la sua squadra. Se quando esce dal tuo centro ha visto una squadra vincente, allora sicuramente ritorna e parlerà di te ai suoi amici e conoscenti.

Ciascuna funzione all'interno del centro rappresenta idealmente un'atleta della staffetta.

Chi ha la fortuna di raccogliere il primo vantaggio è la funzione che si interfaccia per prima con il cliente.

Sarà lei o lui che inizierà a raccogliere le prime informazioni del cliente, potendole prendere con il suo saper fare, dallo zainetto del cliente.

Sarà lei o lui con le sue caratteristiche ad avere questo primo obiettivo.

Sarà lei o lui a mettere fin da subito a proprio agio il cliente.

Sarà lei o lui che potrà far dire al cliente: mi trovo nel posto giusto.

La funzione più importante in assoluto per i clienti che non ci conoscono ancora.

Bastano otto secondi perché il cliente si faccia un'idea se è o non è nel posto giusto.

La funzione di accoglienza telefonica o personale, è quella che raccoglie il primo prezioso vantaggio.

Se la segretaria ha svuotato un pochino lo zainetto del cliente, allora ha un testimone da passare.

Dove e come lo passa, fa parte degli strumenti che vedremo dopo.

Strumenti fondamentali affinché questo vantaggio non si perda.

Ci sarà sicuramente nel tuo centro acustico una risorsa che vedrà arrivarsi, come in staffetta, il testimone.

Dovrà vederlo, dovrà prenderlo, ha l'obiettivo di mantenere il vantaggio fino a quel momento raggiunto.

Dovrà riconoscerlo questo vantaggio.

Finché rimaniamo nella metafora del testimone, si comprende e si vede benissimo, ma quando dobbiamo scoprire il valore, rappresentato in un'altra forma, il compito diventa difficile.

Questa è la metafora che nel descriverla, mi ha dato in assoluto, l'emozione più grande.

Quello che ho fatto attraverso il progetto software è trovare il modo di far vedere il passaggio del valore del cliente da una funzione all'altra, senza perderlo.

Ho concepito un gestionale, in questo caso per i centri acustici, per conservare e mantenere in uno strumento software il vantaggio che le varie funzioni ottengono e utilizzano per la soddisfazione finale del cliente, mentre lui ignaro fa il suo percorso.

Ogni risorsa corre per sé, consolida, trasferisce sapere all'altra per poter avere un cliente soddisfatto e contento di noi.

A questo punto è giunto il momento di sapere come, tutto questo, può esistere in un software.

Solitamente si fa fatica a pensare che un software, considerato sempre e da tutti solo come uno strumento asettico, metodico, logico e regolare, possa conservare al suo interno le emozioni e le sensazioni dei clienti.

Si fa fatica a pensare che un software possa avere un'anima, quella del tuo cliente.

Ho pensato di concepirlo così.

Ho pensato che questa potesse essere la caratteristica migliore per poterlo considerare figlio dei nostri tempi.

5

La Strategia del Centro Acustico in Audilan Business Control

5.1 – PASSO 1 – I contatti e le visite

A questo punto si comprende l'importanza di dover percorrere determinate fasi metodologiche prima di arrivare al risultato finale.

Il gestionale è coerente con questa visione e con questo percorso.

Poter immaginare il software prima di scriverlo, e poterci abbinare un metodo è stato per me determinante.

Questo è l'aspetto più differenziante che ho voluto creare.

Ha rappresentato la mia sfida.

Se è vero che l'audioprotesista del centro acustico deve accompagnare il suo cliente ipoacusico da una fase psicologica di disagio, a una fase di soddisfazione e di soluzione del suo problema, va da sé che questo cammino il cliente lo deve poter fare.

E questo cammino deve rappresentare il più grande patrimonio del centro acustico.

La sua grande promessa.

Se questo è vero, allora il centro acustico deve poter avere uno strumento che tracci lo sforzo della squadra per questo risultato.

Uno strumento che aiuti il centro a non disperdere le energie che si manifestano durante questo viaggio.

Se devo immaginare la nuvoletta dell'imprenditore, me la immagino così: "Se ho lavorato bene con la mia struttura, con le mie risorse, e su come poter percorrere insieme al cliente uno tra i viaggi più belli della sua vita, allora anche gli strumenti a mia disposizione devono aiutarmi in questo senso e devono aiutare tutti, insieme, a viaggiare con il nostro cliente".

Per cui è importante sapere, prima ancora che il cliente entri nel mio centro:

- Perché lo fa?
- Perché è venuto proprio da me?
- Come ha fatto a conoscermi?

Allora devo avere qualcosa che mi aiuti.

Quante volte queste informazioni sono state prese e sono rimaste nella mente di qualcuno facendo cadere in terra il testimone?

Quante cose in più avrei potuto sapere del cliente per entrare meglio in rapporto con lui e guadagnare la sua fiducia?

Il contatto è determinante ma lo è quando riesco a scrivere qualcosa in quel momento che può servirmi dopo e sempre.

Cosa posso già sapere di lui da passare al mio collega audioprotesista per aiutarlo a capire meglio le sue esigenze?

Il gestionale che ho pensato ti aiuta in questo.

Quando si prende un appuntamento con un nuovo cliente, magari al telefono, non si riesce a dire più di tanto ma è fondamentale poter instaurare una relazione efficace fin da subito.

In questo momento posso già inserire alcune informazioni utili al prosieguo del viaggio.

Oltre alle informazioni di contatto necessarie, si può tentare di andare oltre senza rischiare l'interrogatorio.

Come ci ha conosciuti, come mai ci ha contattato, ecc.

Non tantissimo ma è fondamentale concentrarsi su alcune informazioni che sono presenti all'interno della pista immaginaria che si deve percorre con il cliente.

Avere un gestionale che ti suggerisce quali sono le informazioni importanti e dove consolidarle, vuol dire: questo è quel piccolo vantaggio che ho ottenuto dal cliente per poterlo passare insieme al testimone a chi proseguirà con la visita.

Immaginiamo invece un'altra situazione.

Chiama un cliente già consolidato che conosce molto bene il nostro centro.

«Salve, Sono Mario Rossi» dice il cliente.

«Mi scusi non ho capito, può ripetere?» dice la segretaria dall'altro capo del telefono.

«Salve sono Mario Rossi vorrei un appuntamento con voi» ripete il cliente.

«Lei è già nostro cliente?» risponde la segretaria.

«Certo che lo sono, è una vita che conosco la dottoressa!» spiega il cliente stizzito.

«Ah, mi scusi, quando preferisce venire?» la chiacchierata prosegue con questo stile.

Altra situazione.

Suona il telefono.

«Buongiorno signor Mario, come sta, come posso esserle utile? - risponde subito la segretaria - Ho visto che è stato qui da noi tre mesi fa, come procede con l'apparecchio acustico? Posso fare qualcosa per lei?».

«Si certo vorrei un appuntamento» dice il cliente.

«Ma com'è andata fino a ora?» prosegue la segretaria.

«Ma sa, l'altro giorno mi ha chiamato mio figlio e al telefono non riuscivo a capire….».

Analizziamo le due situazioni.

Nel primo caso la segretaria non sa chi sta chiamando e non sembra sapere nulla del cliente.

Nel secondo caso, il cliente viene accolto come se stesse telefonando a un suo caro.

Sorvolando sulla modalità di colloquio soggettiva della persona, la differenza eclatante è che nel primo caso la segretaria non ha nessun testimone da poter raccogliere e passare.

Non sa nulla.

Nel secondo caso la segretaria utilizzava Audilan.

Dal display telefonico sa chi sta chiamando, cerca sul gestionale la persona, e con un click ha davanti la situazione storica del cliente.

Alza il telefono e sa già tutto.

È già partita la staffetta, raccoglie le informazioni e le consolida.

In che modo?

Scrive sul contatto che ha già lì davanti l'appuntamento.

Riporta il perché ha telefonato, l'appuntamento è una conseguenza.

Inserisce i suoi commenti sul contatto.

Il contatto è uno dei moduli più importanti e strategici.

Le informazioni che si scrivono sul contatto rappresentano le fondamenta della relazione col cliente.

Quello che si scrive in questo contesto determina se il viaggio del cliente sarà in discesa o in salita per l'audioprotesista.

La segretaria ha inserito le informazioni nel contatto (testimone) e lo passa a chi dopo riceverà il cliente e leggerà cosa si son detti.

Ma come fa uno strumento software a passare il testimone e mantenere il vantaggio di questa relazione?

Arriva il giorno dell'appuntamento.

Il cliente si presenta e Giovanna gli dice: «Buongiorno signor Rossi, come va? So che ha avuto un po' di difficoltà con il telefono, vedrà che adesso la dottoressa le sistemerà la regolazione e tornerà a sentire meglio suo figlio quando la chiamerà».

«Come fa a sapere questo?» la chiacchierata continua.

Mi sembra ovvio sottolineare che la seconda situazione ha generato una sensazione alquanto positiva nel cliente.

Sicuramente di stupore, ma soprattutto si sente accolto da una struttura organizzata e attenta al suo bisogno.

Si è sentito riconosciuto, ha ricevuto attenzioni alla sua persona da parte della segretaria.

Arriva il giorno dell'appuntamento.

«Buongiorno signor Mario - esclama la dottoressa - Si accomodi, facciamo una bella chiacchierata, mi racconti....».

L'audioprotesista ha già visto prima che entrasse il signor Mario la sua scheda, il suo contatto, la sua storia, ma soprattutto perché ritorna.

È già preparata.

Ha ricevuto quel piccolo tesoretto di informazioni che la segretaria le ha passato: il contatto.

Lo strumento software ha fatto da collante consolidando e conservando le informazioni del cliente.

Il software ti deve aiutare mentre stai lavorando, non deve essere qualcosa in più che pensi di dover fare a fine serata o al sabato.

Deve poter vivere e respirare con te, deve poterti aiutare entrando in punta di piedi nella tua organizzazione.

Un giorno, parlando con una persona che stimo e conoscitore dei centri acustici mi disse: «Sai cosa mi hanno detto i miei clienti del tuo software?».

«No, dimmi» risposi.

«È il software che ha saputo interpretare meglio il nostro lavoro».

Questa testimonianza sicuramente esprime autoreferenzialità ma mi piaceva comunque riportarla perché è vera.

Il software gestionale che ho progettato ha tre passaggi fondamentali:

- Il contatto.
- La visita.
- L'applicazione protesica.

È fondamentale dare la giusta importanza a queste tre fasi determinanti di supporto al percorso del cliente.

Sono fasi tanto più importanti quanto più aumenta il numero delle risorse che tracciano il passaggio del cliente.

- IL CONTATTO

Come illustrato in precedenza, in fase di appuntamento (attraverso la gestione di un calendario interno all'applicazione), la segretaria ha la possibilità di disporre di una vista sintetica e completa del già cliente.

Da questa panoramica ha una visione che le consente di capire subito la storia che ha avuto con il nostro centro.

Informazioni quali:

- l'ultima volta che ha chiamato e perché.
- l'ultima visita fatta con l'audioprotesista.
- l'ultimo esame audiometrico fatto.
- l'ultimo preventivo.
- l'ultimo acquisto.
- quanto ha fatturato con il centro dall'inizio del suo primo acquisto.
- ecc.

Questo già le consente di poter essere subito informata e rispondere con puntualità sapendo di conoscere bene la situazione del cliente.

Già in questa fase può vedere quante volte è stato richiamato il cliente in passato e può già impostare una data per richiamarlo, magari per ricordargli l'appuntamento.

Altre numerose possibilità funzionali sono state inserite in questa particolare fase di contatto che come ho sempre ripetuto è di fondamentale importanza.

Riepilogo cliente

- LA VISITA

La visita invece è quella parte del viaggio dove il cliente incontra lo specialista audioprotesista.

In questa fase l'audioprotesista, oltre a svolgere le funzioni specifiche come l'esame audiometrico e la proposta di soluzione, descrive anche le conclusioni riportando quelle informazioni necessarie che segnano quello che si è fatto.

Le conclusioni della visita, gli eventuali dettagli delle soluzioni applicative, i termini economici della proposta e quanto necessario per inquadrare cosa si è fatto.

In questo caso le possibili conclusioni possono essere:

- il cliente ha fatto una visita informativa ed esplorativa.
- il cliente accetta un preventivo.
- il cliente accetta l'inizio di un percorso riabilitativo attraverso una prova.
- il cliente acquista.

Nel caso della visita informativa ed esplorativa del cliente l'audio-protesista andrà a compilare il modulo visita senza doversi preoccupare di nessun'altra attività.

Nel caso in cui durante la visita si sia proceduto a un esame audiometrico con la piattaforma Noah, l'audiogramma e le informazioni del cliente vengono trasferite automaticamente sul gestionale al salvataggio dell'esame.

In questo modo l'esame potrà essere immediatamente visionato da qualsiasi cellulare, portatile o pc abilitato all'accesso da qualsiasi luogo.

In tutte queste alternative possibili il software propone modalità di comportamento che tracciano il percorso in modo da essere monitorato in seguito.

Alla fine del percorso il viaggio si conclude con l'accettazione di una proposta e quindi con la fatturazione elettronica per il cliente.

Durante tutti questi passaggi l'imprenditore ha già la possibilità di monitorare ciò che è stato fatto.

Può sapere puntualmente, dovunque esso si trovi, l'esito del percorso, oppure può interrogare in forma aggregata l'intera giornata o periodi antecedenti più lunghi.

5.2 – PASSO 2 - I processi applicativi

Proseguendo nel cammino, il signor Mario è entrato nello studio della dottoressa: «Allora signor Mario, ho saputo che…».

A questo punto il cliente incontra un altro ruolo all'interno del centro acustico durante il suo cammino.

Ha fatto un breve percorso con la segretaria, adesso è davanti al suo audioprotesista.

Quali esigenze ha l'audioprotesista in questa fase della relazione?

Le motivazioni del cliente le conosce in quanto passate dalla segretaria.

A questo punto sono fondamentali le attività specifiche dell'audioprotesista come l'esame audiometrico, la taratura degli apparecchi se il cliente è già protesizzato, il test di resa protesica, ecc.

Fin qui cose che sicuramente tutti gli audioprotesisti sanno e che svolgono in maniera egregia.

Fin qui tutti i software gestionali assolvono al proprio ruolo operativo.

Ma cosa deve esserci di diverso per far sì che ciò che emerge da questa visita possa essere utile per il prosieguo della relazione?

Quali domande è opportuno farsi in questa fase per avere delle risposte utili per i ruoli che seguiranno?

Vi domanderete, ma finita la visita, fatta la fattura nel caso, cos'altro c'è di utile da sapere?

Bene, procediamo per gradi.

Quali domande potrebbero essere utili immaginare dopo una visita audioprotesica, a prescindere da quelle tecniche e specifiche relative alla protesizzazione?

- Sapere come si è conclusa la visita potrebbe essere utile?
- È stata fatta solo una proposta informativa o si è proceduto a una prova o una vendita diretta?
- Cosa possiamo far sapere di utile e necessario a un altro audioprotesista che magari rivede lo stesso signor Mario tra due o tre mesi, o magari tra un anno?
- Cosa potrebbe essere utile sapere per lo stesso audioprotesista che rivede il signor Rossi dopo tre o quattro anni?
- Se non si è venduto, potrebbe essere utile sapere perché?
- Quali motivazioni hanno portato il cliente a non chiudere?
- Ecc.

L'audioprotesista non si occupa di marketing o di gestione del centro acustico, è attento alle sue attività. Come possiamo chiedergli qualcosina in più per chi viene dopo? Quale testimone deve poter passare l'audioprotesista a chi dovrà fare la fattura, oppure a chi dovrà comprendere come mai non si è proseguito nella vendita?

- Cosa vorrà mai il marketing, si chiederà l'audioprotesista, di ciò che ho fatto o cosa vorrà il mio capo?

Qui si apre un mondo.

Possiamo tenerlo chiuso o socchiuso, ma se non sappiamo perché abbiamo venduto o a maggior ragione perché non abbiamo chiuso la vendita, non sapremo mai se il nostro centro acustico sta andando nella giusta direzione.

Non solo.

Dobbiamo saperlo ora se vogliamo correggere la rotta.

Il punto nave, per chi veleggia un po', lo stabilisci nel momento in cui ti poni l'obiettivo di percorrere una traiettoria con una destinazione ben precisa. Se sai dove andare, devi sapere dove sei, quali condizioni in quel momento ci sono e di quali devi tener conto.

In modo analogo anche l'imprenditore che analizza il suo centro acustico deve poterlo fare continuamente.

Anche l'audioprotesista deve poter capire il cliente in visita, le sue condizioni, le credenze che lo influenzano in quel momento e accompagnarlo durante il suo viaggio.

Anche la segretaria, che sicuramente ha il compito più impegnativo, deve poter fare il punto nave, cercando di capire in poco tempo la situazione nella quale si trova il cliente e come può essere accompagnato al suo traguardo.

E quindi, quali potrebbero essere le informazioni che un imprenditore vorrà sapere dai suoi collaboratori a fronte di una visita audioprotesica?

Immaginiamo un centro acustico di solo un paio di filiali o tre con dei collaboratori presenti su due o tre filiali.

Cosa potrebbe interessare all'imprenditore?

Vediamo un po':

- Quanti nuovi clienti sono entrati in ciascuna filiale?
- Quanti appuntamenti sono stati presi?
- Quanti di questi si sono conclusi e come?
- Qual è stato il canale di provenienza che ha funzionato di più?

La lista non si ferma più, ma viene spontanea una domanda: quante informazioni dovrà inserire quel povero audioprotesista per fornire tutti questi indizi all'imprenditore?

Qui potrebbe subentrare lo sconforto e avere la sensazione di perdere un sacco di tempo.

Quante informazioni inserire per avere il dettaglio desiderato?

Quello che vedremo più avanti sulla gestione del fatturato darà la risposta a questo angosciante dubbio.

"Se l'audioprotesista deve inserire tutto ciò, non andrà più a casa e mi toccherà anche pagargli gli straordinari" si chiederà l'imprenditore.

Mi ricordo una volta quando partecipai a una riunione di gruppo tra imprenditori di centri acustici.

A un certo punto si dovevano fare delle ipotesi sulle previsioni di vendita per l'anno successivo.

Un imprenditore dice: «Io l'anno scorso ho avuto un calo di fatturato significativo del 30% e sinceramente non conosco le cause di questo calo. Le analisi di mercato parlano di una crescita di fatturato del settore del 4% rispetto all'anno scorso, ma io sinceramente non so come mai abbia avuto un calo così significativo».

Quell'imprenditore navigava a vista.

Il protagonista del suo risultato non poteva essere che il suo destino.

Cambio scena.

In questa fase quindi sembra che l'audioprotesista debba inserire una miriade di informazioni che si aggiungono a quelle specifiche e relative all'apparecchio che deve proporre.

Ma il software viene ovviamente in aiuto perché molte di quelle domande il software le ha già.

Non entro nel merito di come funzioni il software, in questo caso un manuale sarebbe ottimale allo scopo.

Quello che è importante sapere è che queste informazioni a chiusura della parte applicativa della protesizzazione del cliente il software le ha già.

Sa che il cliente è di quella filiale, sa come è venuto a contatto con noi, sa perché viene, sa chi lo sta visitando, sa che l'audioprotesista sta facendo un preventivo, sa che l'audioprotesista sta iniziando una prova con quel cliente, sa che è un'applicazione privata o in convenzione Asl, ecc.

A conclusione della visita, l'imprenditore, da casa sua o da un'altra sede, sa già tutto.

L'audioprotesista è sul problema del cliente e su quale migliore soluzione può fare al suo caso.

Il resto il software lo sa già.

5.3 – PASSO 3 – La gestione del fatturato

Arriviamo al terzo passo della metodologia: la gestione del fatturato.

Conoscere la natura del fatturato è forse, insieme ai costi, l'aspetto più determinante di qualsiasi impresa e quindi anche per un centro acustico.

In questo settore, come si sa, si vende in tre modi:

- Al mercato privato (vendita dell'apparecchio acustico senza alcun contributo statale).
- Al mercato convenzionato (vendita dell'apparecchio acustico completamente a carico dell'Asl).
- Al mercato riconducibile (vendita con un contributo privato e Asl).

Sapere quanto il mio centro fattura per mercato è la cosa più elementare e importante da conoscere, sia in termini di fatturato che di protesi acustiche.

Anche qui siamo nella normalità delle cose.

Ma, volendo essere più esigenti, sapere quanto fatturato si realizza dagli accessori, dalle pile e dalle riparazioni inizia a essere più interessante, soprattutto se volessi conoscere il prezzo medio pulito di vendita degli apparecchi acustici che sto ottenendo in raffronto con i vari periodi, filiali e/o audioprotesisti.

Anche in questo caso diventa essenziale conoscere la composizione del mio fatturato per poter capire se devo ipotizzare interventi sulle aree di influenza dello stesso.

Mi spiego.

Conoscere il fatturato per mercato e il suo andamento nelle unità dove si forma e grazie a chi, è il minimo che un imprenditore vorrà sapere.

Ma se ci spingiamo un po' più in là ponendoci alcune domande come:

- Ho speso in pubblicità e in marketing un tot, ma quanto fatturato è riconducibile alla promozione che ho fatto? Ne è valsa la pena?
- Ho attivato un recapito presso... , quanto mi sta rendendo?
- Ho assunto un collaboratore presso…, quanto fatturato sta realizzando?
- Ho visitato in filiale un tot di clienti, quanti sono andati a buon fine e quanto è stato fatturato?
- Ecc.

Molto spesso è opinione diffusa e consapevole che l'ingresso di nuovi clienti è sinonimo di efficacia delle iniziative di marketing.

Quindi i miei sforzi economici, a volte non trascurabili, si orientano in pubblicità, in iniziative commerciali finalizzate alla ricerca di nuovi clienti.

- Ma quanto stiamo spendendo e quanto ci ritorna dalle vendite?
- Quanti clienti acquisiti in passato, presenti già nei nostri archivi cartacei e non, stanno producendo nuovo fatturato?
- Quanti clienti a costo zero di pubblicità possono essere ricontattati e generare nuovo fatturato?

Un po' è come dire: "Sto fatturando un sacco e quindi sto andando a gonfie vele". Quanto di più sbagliato. Ma quanti costi stai sostenendo? Stai avendo margine economico?

In conclusione rapportare la tua spesa in marketing e poterla ricondurre a quanto ti sta rendendo in contatti e fatturato fa la differenza.

5.4 – PASSO 4 - La gestione dei costi

Quante volte ho sentito dire: «Sono in crescita».

«Perché?» chiedo.

«Sai, il mio fatturato sta crescendo».

Rispondo: «Ma anche il tuo utile?».

«Beh! Quello lo sa il mio commercialista quando mi dà i prospetti di bilancio».

Ribatto: «Quando te li dà?».

Risponde: «Mah, a fine anno o quando glielo chiedo».

«Navighi tutto l'anno al buio senza conoscere il tuo risultato gestionale?» concludo.

Mi rendo perfettamente conto che è molto più semplice sbarazzarsi delle fatture dei fornitori e consegnarle direttamente al tuo commercialista.

Con questo non dico che non devi farlo.

Sei obbligato a farlo perché gli aspetti fiscali di cui si occupa il tuo commercialista sono insostituibili e non sono il tuo business. Ma se prima di consegnare le tue fatture ti trattieni un minimo delle informazioni che rappresentano, ti porta un grande vantaggio. Se non lo fai non sarai mai in grado di sapere subito come stai andando.

Non potrai mai fare il punto nave del tuo centro acustico.

Trattenere le informazioni necessarie dei costi perché comunque le devi pagare, non è sufficiente se non le rapporti al tuo fatturato, alle tue entrate.

Non devi sapere in dettaglio delle normative fiscali per poter tenere conto dei tuoi costi.

Sicuramente ci saranno costi detraibili e deducibili ai fini della determinazione dell'utile e dell'iva.

Ma sei sicuro che ti serve conoscere qual è il tuo utile fiscale, il tuo imponibile per sapere come stai procedendo?

Questo te lo saprà dire il tuo commercialista quando sarà il momento di pagare le tasse.

Le scadenze fiscali, come sai, sono distribuite nell'arco dell'anno e vanno anche oltre l'anno corrente.

Non puoi permetterti oggi di sapere a ottobre o novembre quanto hai realizzato nei primi sei mesi dell'anno.

"Ma allora cosa faccio?".

Devi registrarti le tue fatture per avere uno scadenziario dei pagamenti. Sicuramente già lo fai.

"Ma allora, dal momento che le devo registrare per i miei pagamenti, se aggiungessi qualche altra informazione da associare alla mia fattura saprei tutto quello che devo sapere?".

Esatto.

Basta metterla in relazione alla sua natura.

Hai comprato apparecchi acustici, riparazioni, bolletta telefonica, energia elettrica, ecc.

Il gestionale che ti propongo ti presenta una sua ipotesi di piano dei conti specifico dei Centri Acustici Indipendenti e quindi ti aiuta a comprendere meglio il tuo risultato.

A questo punto potrai sapere tutto ciò che ti serve.

Con un grande vantaggio. **Lo sai subito.**

Bilancio di verifica

BILANCIO DI VERIFICA - dal 01/01/2019 al 30/06/2019

TUTTE LE SEDI

	CONTO ECONOMICO - COSTI			CONTO ECONOMICO - RICAVI	
Conto	Descrizione	Importo	Conto	Descrizione	Importo
12801555	COSTI PER MERCI - MAT.PRIME, SUSSIDIARIE	66.177,62 €	11701495	RICAVI VENDITE	284.759,50 €
54006	acquisto materiale pulizia	1.021,66 €	51608	vendite apparecchi asl/partita iva	21.957,91 €
54015	Acquisto polizze assicurative apparecchi	887,25 €	51609	vendite accessori asl/partita iva	2.771,20 €
54200	acquisto apparecchi	51.747,53 €	51611	Vendita pile asl/partita iva	602,41 €
54203	acquisto accessori	11.823,96 €	51650	vendite apparecchi	247.288,20 €
54206	acquisto pile	697,23 €	51653	vendite pile	5.637,03 €
			51656	vendite accessori	5.556,56 €
12801556	ACQUISTI VARI	1.615,66 €	51657	Vendita polizze assicurative	946,19 €
54610	acq. cancelleria e stampati	997,32 €			
54615	carb.e lubr.automezzi aziend.	618,34 €	11701496	RICAVI PRESTAZIONI	2.740,88 €
			51813	ricavi per visite	134,55 €
12801557	COSTI PER SERVIZI PRODUZIONE	5.209,67 €	51817	ricavi per riparazioni	2.606,32 €
55002	spese/servizi per trasporti	1.586,95 €			
55008	canoni di assistenza	311,50 €	11701515	ALTRI RICAVI E PROVENTI	210,00 €
55009	partecipaz. a corsi	1.283,33 €	50702	affitti attivi	210,00 €
55011	servizi di vigilanza	786,02 €			
55014	viaggi e trasferte	121,87 €			
55031	spese riparazione c/terzi	1.120,00 €			
12801558	COSTI PER SERV.MEZZI TRASPORTO	1.344,94 €			
55190	pedaggi autostr.auto.aziendali	708,06 €			
55198	manutenzione automezzi aziend.	636,88 €			
12801559	COSTI PER SERVIZI COMMERCIALI	9.409,93 €			
55205	servizi di pubblicita'	9.409,93 €			
12801560	COSTI PER SERVIZI UTENZE	3.312,61 €			
55302	utenze telefoniche cellulari	70,00 €			
55303	spese internet	104,92 €			
55309	utenza telefonica	1.047,15 €			
55310	utenza energia elettrica	2.002,39 €			
55314	utenza riscaldamento	88,15 €			
12801561	COSTI PER SERVIZI AMMINISTRATIVI	34.924,29 €			
55413	Compenso Amministratore	14.111,82 €			
55424	lavoro occasionale	2.197,30 €			
55429	compensi a professionisti affer attività	1.400,84 €			
55437	commissioni POS	313,37 €			
55439	compensi a profess.non afferenti attività	13.002,86 €			
55441	sp.vitto e alloggio/sp.rappr.	554,98 €			
55444	vitto e alloggio trasferte	165,44 €			
56420	Contributi Amministatore	2.277,68 €			
12801562	COSTI PER SERVIZI VARI	360,66 €			
55502	assicurazioni	360,66 €			
12801565	COSTI PER GODIM.BENI DI TERZI	23.969,29 €			
56001	noleggi	84,00 €			
56024	spese beni in leasing/noleggio	221,38 €			

AUDILAN BUSINESS CONTROL
Il Gestionale per i Centri Acustici Indipendenti

Bilancio di verifica

BILANCIO DI VERIFICA - dal 01/01/2019 al 30/06/2019

TUTTE LE SEDI

CONTO ECONOMICO - COSTI			CONTO ECONOMICO - RICAVI		
Conto	Descrizione	Importo	Conto	Descrizione	Importo
56070	noleggio impianto telefonico	709,53 €			
56075	affitti passivi	22.974,38 €			
12801570	**SALARI E STIPENDI**	**38.312,67 €**			
56102	stipendi	38.312,67 €			
12801575	**ONERI SOCIALI**	**10.383,91 €**			
56200	Contributi Dipendenti Totali	10.383,91 €			
12801595	**AMMORTAMENTI E SVALUTAZIONI**	**13,18 €**			
56488	amm. beni inferiori 516,46 eur	1,71 €			
56506	amm.beni inf.516,46 telefonici	11,47 €			
12801615	**ONERI DIVERSI DI GESTIONE**	**39.911,51 €**			
57005	altri costi di gestione	39.793,71 €			
57013	valori bollati	308,49 €			
57020	imposta di registro	71,40 €			
57045	incentivo da fatturato	--2.732,10 €			
57047	canoni software,licenze e sim.	1.135,05 €			
57052	omaggi valore unit.ecced. 50,00	237,59 €			
57056	omaggi valore unit.fino 50,00	976,51 €			
57060	bollo automezzi uso aziendale	120,86 €			
13821620	**ONERI FINANZIARI**	**4.551,17 €**			
70015	altri oneri finanziari	4.551,17 €			
	TOTALE COSTI	**239.517,12 €**		**TOTALE RICAVI**	**287.710,37 €**
	UTILE D'ESERCIZIO	**48.193,25 €**			
	TOTALE A PAREGGIO	**287.710,37 €**		**TOTALE A PAREGGIO**	**287.710,37 €**

5.5 - PASSO 5 – Il Tableau de bord

A questo punto tutti i tasselli sono al posto giusto.

- La segretaria ha raccolto le prime informazioni: quella di gestire il primo contatto con il cliente e quella di poterlo richiamare secondo il piano relazionale definito dal centro.
- L'audioprotesista ha eseguito la sua visita, l'esame, la proposta e/o la vendita.
- La funzione amministrativa ha provveduto a tenere sotto controllo i pagamenti e le fatture dei fornitori.

Ognuno ha avuto una parte da svolgere sul gestionale, pur rimanendo concentrato sulle sue attività prevalenti.

Ovviamente questo non vuol dire che ogni funzione deve poter essere svolta esclusivamente da ogni singola persona.

Ci sono centri con una sola persona dove l'imprenditore fa l'audioprotesista, la reception, l'amministrativo, il marketing e le pubbliche relazioni.

Tra i miei clienti ho molti centri acustici con una sola persona.

Certamente si fa più fatica, ma questo a prescindere da qualsiasi gestionale tu possa utilizzare.

Questo è fuori dubbio.

Ma queste funzioni non spariscono se un centro acustico ha una sola risorsa.

Sta a te decidere quanto spazio dedicare a queste funzioni.

Non possono non essere svolte.

Certo puoi decidere di non occuparti di marketing, di non svolgere tutte le funzioni amministrative necessarie limitandoti a emettere lo scontrino o la fattura.

Se sei da solo puoi sacrificare le attività che apparentemente non servono, ma comunque devi rispondere al telefono, prendere un appuntamento, accogliere il tuo cliente, fargli la fattura, fare gli ordini ai tuoi fornitori, ricevere la posta, gestire le fatture che ricevi, rispondere e fornire i documenti che ti chiede il tuo commercialista, ecc.

Tutto questo è fattibilissimo.

Ma quanto deve durare una giornata?

Ah, dimenticavo le domiciliari e gli eventuali recapiti.

A questo punto ti chiederai: "Ma quale può essere un modello organizzativo che mi dia un minimo di respiro?".

Dalla mia esperienza, considerando quello che ho potuto osservare incontrando i miei clienti, una struttura minima può essere rappresentata da almeno tu e una segretaria.

La segretaria.

Se mentre è al telefono con il tuo cliente ha un'agenda digitale per confermare l'appuntamento e inserirlo nei contatti, ha già svolto gran parte di questa funzione.

Se mentre lo fa raccoglie un po' di informazioni e le riporta in agenda, avrà fatto il massimo.

L'audioprotesista o l'imprenditore, dovunque essi si trovino, sanno subito che è stato preso un appuntamento, chi lo ha preso, il motivo, se è un nuovo cliente o un cliente già acquisito, ecc.

L'audioprotesista.

Il cliente quando arriva, è già nel tuo gestionale.

È anche nella tua anagrafica della piattaforma Noah.

Devi solo aprire la sessione di Noah ed eccolo lì pronto per l'esame audiometrico.

Non devi inserire l'anagrafica, non devi inserire le informazioni del cliente, non devi inserire nulla.

Ci penserà il software a trasferire il cliente dal gestionale a Noah.

Devi solo concentrarti sull'esame e sul cliente.

Quello che devi fare è scrivere due note di come si è conclusa la visita, se gli hai proposto degli apparecchi, se li hai dati in prova o se li hai venduti.

Se non hai la risorsa amministrativa o la segretaria gli farai la fattura già direttamente elettronica per essere inviata allo Sdi.

Mentre hai fatto quello che fai ogni giorno, il gestionale ha lavorato per te. Ha già raccolto una infinità di informazioni senza che tu te ne accorgessi, solamente riportando quello che hai fatto sul tuo cliente.

L'unica funzione sganciata dal cliente e dalla tua operatività su di lui è la parte relativa alle fatture dei fornitori, che andrai a gestire quando sei libero dai clienti.

Anche in questo caso se riuscissi a registrare le fatture quando arrivano, evitando di accumularle, l'attività risulterà distribuita nel tempo e non sarà così ingombrante come potrebbe sembrare.

Ma a questo punto avrai ottenuto un enorme vantaggio.

Quello di poter accedere al tuo **Tableau de bord**, in qualsiasi momento con tutte le informazioni presenti e determinanti che ti fornisce in automatico.

Sarà Audilan che ti darà sempre il punto nave del tuo centro acustico senza che tu debba crearti chissà quali statistiche.

Basta un click.

Il Tableau de bord è determinante per la tua attività.

La differenza nell'avere un gestionale con al suo interno un metodo è proprio questo.

Arrivare alla fine e poter dire: "Queste sono le informazioni che mi servono".

La differenza è proprio qui.

Cambio scena.

Non so come sei organizzato in questo momento.

Ma facciamo almeno tre ipotesi.

Queste:

1. Non hai nessun gestionale.
Sei obbligato a inventarti qualsiasi cosa utilizzando gli strumenti che conosci.

Il più delle volte abbiamo visto che i classici fogli excel si moltiplicano come i funghi per soddisfare le tue necessità, oltre alla tua agenda.

Il risultato lo conosci già se sei arrivato fin qui nella lettura.

2. Hai preso un gestionale generico **non** di settore.

In questo caso scopri che gran parte dei processi operativi che propone non sono vicini al tuo mondo.

Perché il gestionale generico che hai preso deve poter andar bene per tutti e non esclusivamente soddisfare le tue specifiche necessità.

Magari hai uno che ti fa le fatture, uno la contabilità, uno ti gestisce i clienti.

Per semplificare diciamo che i gestionali che hai scelto fanno anche troppo, ma ognuno fa il suo.

Risultato?

Non sei soddisfatto e cerchi di completare le tue necessità con altri strumenti. Ciò comporta il non avere informazioni integrate del tuo centro acustico.

3. Hai preso un gestionale **specifico** per i centri acustici.

In questo caso sei molto soddisfatto.

Interpreta bene i tuoi processi operativi.

Il gestionale parla di vendita a privati e in convenzione Asl.

Ti stampa la tua commissione, ordine o fattura elettronica come vuoi in quanto l'hai vista quando hai deciso di prenderlo.

Ma poi scopri, con l'utilizzo quotidiano, che se vuoi una particolare statistica che ti fa capire quello che vuoi sapere, devi farla sviluppare o chiederla, non sempre gratis.

Altrimenti prendi i dati che ti servono dal tuo gestionale e ci fai una bella statistica tua personale.

Risultato: Inizi a costruirti le tue viste gestionali perché il software assolve molto bene ai tuoi processi operativi, ma lo strumento che hai scelto non ti dice quali informazioni è utile conoscere per sapere dove sei e dove stai andando.

In definitiva hai risolto in parte le tue esigenze e necessità.

Ecco perché devi utilizzare un gestionale che ti aiuti mentre lavori.

Ecco perché devi utilizzare un gestionale che conosca il tuo mondo, ma che raccolga lui stesso le informazioni che ti servono per capire come la tua azienda sta operando.

Audilan lo fa.

Audilan ha immaginato, prima di essere sviluppato, le risposte che doveva dare all'imprenditore e alle sue risorse interne.

Solo così sta aiutando i miei clienti a rispondere puntualmente ai loro fabbisogni.

Puoi arrivare al risultato finale e avere la vista del tuo centro che ti consente di navigare con le informazioni che ti servono. Questo lo puoi fare se inizi a raccogliere e gestire le informazioni nel momento in cui si formano nel tuo centro acustico.

Addirittura ancora prima, come abbiamo visto nel caso in cui il cliente deve ancora entrare da te.

Quando tu lo vedi per la prima volta, lui ha già iniziato il suo percorso ancor prima di venire da te, perché lui sa per quale motivo ti ha trovato ma tu non lo sai ancora.

A questo punto, alla fine della tua giornata, dopo che avrai preso i tuoi appuntamenti o fatto i tuoi preventivi o fornito in prova degli apparecchi acustici o li hai venduti, Audilan fa il resto e ti restituisce quello che hai fatto nel modo in cui ti interessa.

Così potrai sapere, per esempio:

- Quanti nuovi clienti hai contattato.
- Quanti clienti hanno avuto un preventivo.
- Quanti clienti hanno comprato.
- Il fatturato per filiale.
- Il fatturato per audioprotesista.
- Qual è stato il canale di provenienza più utilizzato tra i clienti che hai visitato.
- Ecc.

Tutto in un colpo d'occhio sul tuo Tableau de bord.

Il Tableau de bord

6

Le testimonianze

A questo punto del viaggio, un mio grande ringraziamento va alle testimonianze che alcuni miei clienti mi hanno gentilmente inviato.

Questa parte del libro rappresenta per me una grande soddisfazione che oltre a darmi una gioia immensa, testimonia che la strada e l'intuizione che ho avuto sta producendo importanti risultati.

La grande promessa che molti anni fa mi ero prefissato di realizzare si sta confermando.

"Poter fornire ai Centri Acustici Indipendenti uno strumento per crescere e poter competere con le grandi catene".

Pertanto il mio ringraziamento va non solo agli imprenditori miei clienti ma all'intero team presente in ciascuna loro azienda.

Chi è arrivato fin qui nella lettura sa che ho pensato molto anche a loro.

Ringrazio personalmente:

Daniele Noè di Udiamo

Matteo Veronese del Centro Acustico Italiano

Ivan Cristiani di Otoacustic

Marco Baiano di Phonetica

Giulia Mallia di Clinica Audiologica

Luca Questino di Professione Udito

Daniele Noè di Udiamo

"Un sincero grazie da tutto lo staff di Udiamo operativo e amministrativo per aver migliorato il lavoro quotidiano in tutti i suoi aspetti.

Abbiamo conosciuto Massimo e Simone e cominciato a lavorare con Audilan nel settembre 2018 da allora si sono sempre resi disponibili e hanno sempre accolto le nostre richieste con estrema empatia e attenzione.

Dal mio punto di vista, come socio di Udiamo, è un gestionale in continua evoluzione che mi consente di avere la visione completa sull'andamento economico grazie al controllo sugli ordini e sulla fatturazione; inoltre mi permette, grazie alla possibilità di filtrare tutte le informazioni inserite, di creare strategie di marketing mirate e valutare, in ogni loro aspetto, i risultati degli audioprotesisti.

Dal punto di vista amministrativo, Audilan, mi consente una fluidità maggiore di informazioni che con i vecchi gestionali non avevo; ad esempio tenere una tracciabilità dei prodotti molto attenta che ritorna utile non solo nel gestire le entrate e le uscite dei nostri tre centri acustici ma anche nel rapporto con i fornitori.

Audilan per gli audioprotesisti risulta essere una fonte inesauribile di informazioni che, se completate correttamente, ci ritornano utili per creare un protocollo interno di servizi sempre più accurato nei confronti dell'utente finale.

Con i continui aggiornamenti Audilan è sempre più in linea con la nostra operatività rendendo i processi burocratici più snelli e molto più veloci come ad esempio il format per l'inserimento delle pratiche Asl che, oltre ad allegare documenti, ci consente ancor più di concentrare le informazioni relative al paziente in oggetto rispettando la così tanto agognata normativa sulla privacy.

Grazie per il lavoro svolto fino a oggi e per quello che riuscirete a creare in futuro.

Con grandissima stima in Massimo, Simone e tutto il vostro staff vi salutiamo: Daniele, Jonathan, Sandra, Federico, Elisabeth, Roberta, Alessandra, Miguel e Tiziano."

Matteo Veronese del Centro Acustico Italiano

"Ciao Massimo,

complimenti ancora per l'iniziativa, ne aspetto una copia firmata!

La mia esperienza con voi è senza dubbio positiva, a oggi il programma non è ancora terminato, ma sicuramente a breve ne vedremo delle belle, aspetto con ansia il Tableau de board per vedere come funziona.

Il gestionale ha delle potenzialità enormi e rispetto ai precedenti che ho utilizzato, sicuramente ha un'impostazione imprenditoriale e delle caratteristiche uniche tra cui l'invio diretto delle fatture all'agenzia delle entrate. Le voci attuali inserite nelle schede cliente con le giuste selezioni possono fornire dei report senza dubbio interessanti.

Di sicuro posso affermare che siete la prima azienda di software che si è messa a disposizioni per cercare di integrare il gestionale con una personalizzazione a me cara, il calcolo automatico delle provvigioni e siete sempre molto disponibili.

Continuate così!"

Matteo Veronese

Amministratore Delegato

Ivan Cristiani di Otoacustic

"La prima volta che ho sentito nominare Audilan fu durante una conversazione amichevole con un commerciale di una nota azienda produttrice di protesi acustiche, gli riferivo della mia necessità di adottare un gestionale che in qualche modo potesse interagire con Noah, in quanto dopo qualche anno di attività da indipendente, notavo una "discrepanza" tra i nominativi inseriti manualmente nel mio vecchio gestionale e quelli di Noah.

Una volta concordato il primo appuntamento con Massimo, la cosa che più mi ha colpito di Audilan è il fatto di non subire passivamente il gestionale, ma si ha la possibilità di collaborare, attraverso le proprie esigenze a questo progetto che è un continuo divenire di migliorie costanti.

Inizialmente qualche difficoltà l'ho incontrata perché il mio vecchio gestionale non era così "esigente" nell'inserimento di alcuni dati, tra l'altro fondamentali per la futura gestione del marketing aziendale.

Utilizzo Audilan da gennaio 2019 e, giorno dopo giorno, noto con piacere che a ogni aggiornamento le modifiche apportate migliorano costantemente l'utilizzo dello strumento e rendono il mio operato più preciso ed efficiente.

Ritengo che Audilan sia uno strumento completo per la gestione dell'azienda, in quanto ti permette di capire come muoverti sul mercato avendo costantemente i dati sotto controllo, credo che sia un'ottima "bussola" per poter navigare nel mare del mondo audioprotesico."

Ivan Cristiani

Marco Baiano di Phonetica

"Ciao Massimo,

con molto piacere ti do il consenso a citare il mio centro e ti racconto la mia esperienza, anzi la nostra esperienza con Audilan.

Da quando ho conosciuto il tuo gestionale il mio lavoro è migliorato notevolmente.

Erano anni che cercavo un gestionale adatto alle esigenze della mia azienda ma non riuscivo a trovarne uno idoneo.

Ti chiederai in cosa mi ha aiutato Audilan, e io con molto piacere ti elenco qualche punto.

Gestione pazienti: riusciamo in tempo reale a sapere tutta la storia del paziente, quando ha avuto l'ultima fornitura, che apparecchi ha comprato, quante visite gli abbiamo fatto, quante pile ha comprato ecc... (e considera che potremmo fare molto di più perché spesso per mancanza di tempo o di organizzazione molte cose dimentichiamo di segnarle) ma anche su questo, nonostante siano quasi due anni che lo usiamo, stiamo cercando di migliorare.

Gestione del magazzino: prima di conoscere Audilan facevamo tutto manualmente adesso ho un magazzino ben organizzato e riesco ad avere un'idea di quante protesi ho venduto e di quante protesi ho ancora in deposito.

Gestione del fatturato: su questo ti confesso che ancora ci devo lavorare perché molte cose del corso non le ricordo, ma già facendo anche una semplice estrazione so cosa ho fatturato in un mese o in un anno.

Documento di trasporto: prima eravamo sommersi di blocchetti di Ddt sparsi per tutto l'ufficio e se cercavamo qualche informazione un po' più vecchia scattava la caccia al tesoro. Adesso invece con una semplice ricerca riusciamo a risalire anche a situazioni passate.

Fatturazione: grazie ad Audilan riesco a gestire la fatturazione elettronica verso privati e la fatturazione elettronica verso pubblica amministrazione, avendo tutto sotto controllo.

All'inizio non è stato semplice, e il povero Simone ne sa qualcosa ma adesso tutto scorre molto fluidamente.

Il mio parere su questo tuo gestionale?

Ottimo, ben organizzato e fatto come un vestito dal sarto per l'audioprotesista.

Sono molto contento di collaborare con te e con il tuo staff, sempre molto gentile, cordiale e disponibile con noi.

Spero di essere stato chiaro e conciso e ti auguro una buona serata."

Marco Baiano

Giulia Mallia di Clinica Audiologica

"Nella mia carriera di audioprotesista iniziata nel novembre 2011, ho lavorato per diverse aziende, piccole e grandi, e ho usato diversi gestionali, fino a quando l'anno scorso finalmente ho iniziato a utilizzare Audilan.

Audilan è molto più di un semplice gestionale ed è molto evidente che chi lo ha ideato conosce bene il nostro settore.

La cosa che mi piace di più in assoluto è che Audilan non è stato ideato semplicemente per la gestione del cliente a breve termine ma soprattutto nella gestione dei clienti a lungo termine, è un aiuto importante per fidelizzare in maniera ordinata i tuoi clienti e inserendo i dati correttamente risulterà quasi impossibile perderli.

Questo fa sì che negli anni il tuo centro cresca in maniera esponenziale.

Audilan è semplice da usare, molto intuitivo, ben organizzato, ha tantissime funzioni, snellisce di molto il lavoro "burocratico" del centro acustico e che dire poi della fatturazione elettronica: semplice e veloce!

A oggi il mio nuovo centro non riesco a immaginarlo senza Audilan."
Dott.ssa Giulia Mallia

Clinica Audiologica

Luca Questino di Professione Udito

"Ciao Massimo,

credo che Audilan sia lo strumento che permette agli audioprotesisti che gestiscono centri acustici di fare il salto di qualità e diventare realmente "imprenditori".

Perché per essere imprenditori nel vero senso della parola è fondamentale avere il controllo della propria azienda.

Grazie a un sistema integrato che permette di gestire esami, database, fatturazione e performance, Audilan è in grado di garantire tutto ciò ed è per questo che noi di Professione Udito lo abbiamo scelto come nostro alleato.

Inoltre essendo sempre in evoluzione e fidandoci della tua serietà e di quella di Simone confidiamo che questo strumento già sufficientemente completo e potente lo potrà diventare ancora di più grazie ai numerosi aggiornamenti che continuiamo a ricevere.

Grazie."

Dott. Luca Questino - Professione Udito

Un ringraziamento va inoltre al Centro Acustico Audiofon Italia per l'assenso alla sua citazione e ai complimenti ricevuti.

7

Conclusioni

A questo punto del viaggio possiamo sicuramente affermare con chiarezza che quello che ho cercato di realizzare è un software diverso dagli altri.

Quello che a mio avviso fa la differenza è l'aver portato all'interno del software un percorso guidato che permette all'imprenditore di conoscere meglio la sua realtà.

L'imprenditore potrà lavorare come sa, con uno strumento che lo aiuta nel suo viaggio a conoscere costantemente la sua rotta consentendogli di apportare le correzioni subito, navigando con il suo Centro Acustico Indipendente.

Solo lui può essere lo skipper della sua azienda, nessun altro.

È un'idea, una metodologia, un software gestionale, uno strumento fondamentale per governare meglio il Centro Acustico Indipendente, utilizzando le stesse tecniche e gli stessi strumenti utilizzati dai grandi.

Ma prima di congedarmi da te attraverso questo interessante percorso fatto insieme, voglio dirti ancora una cosa, forse la più importante di tutte.

Non voglio apparire ai tuoi occhi come quello che ha capito tutto e che adesso ti fa vedere qualcosa di straordinario.

Sicuramente ho messo in questo progetto tutto quello che potevo, tutto quello che ho appreso, tutto quello che ho vissuto.

Sono sempre stato dell'idea che quello che hai vissuto sulla tua pelle è ciò che più di tutto può aiutare gli altri, a prescindere da tutto quello che gli altri hanno cercato di insegnare.

Per cui ci sarà ancora molto da dare ai miei clienti e a quelli che eventualmente verranno... perché stiamo ancora vivendo e possiamo dare sempre di più.

È per questo motivo che continuo ad ascoltare i suggerimenti dei miei clienti realizzando soluzioni all'interno di Audilan che poi distribuiamo gratis a tutti.

Da quando abbiamo iniziato ho perso il conto di quanti aggiornamenti abbiamo fatto e distribuito gratis grazie alle idee che non avevamo pensato e che i miei clienti hanno suggerito per far crescere tutti.

Però lasciami l'ultima considerazione.

Le testimonianze che ho ricevuto rimangono per me indimenticabili e rafforzano la consapevolezza che anche il mio sogno si sta realizzando:

"Il poter pensare di essere insieme a tutti gli imprenditori che sognano di lasciare una traccia, un segno della loro esperienza, in qualsiasi campo, in qualsiasi contesto, sul lavoro e nella loro vita, ai propri figli, al Prossimo."

A prescindere da ciò che farai, se sei arrivato in fondo a queste ultime battute, vorrà dire che anche tu hai fatto un piccolo viaggio con me.

Grazie per avermi accompagnato e se non ti conosco ancora, quello che mi piace dirti è:

Sentiamoci.

L'Autore

Arriva un momento della vita in cui senti la necessità di restituire agli altri quello che hai imparato, ma soprattutto quello che hai vissuto. Senti nel profondo di te stesso di volere lasciare una traccia, un segno. Senti che il tuo percorso può essere d'esempio per gli altri. Può rappresentare un'opportunità di crescita.

Questo è il motivo per cui Massimo racconta la sua straordinaria storia.

La vera sfida di Massimo arriva quando entra in contatto con il mondo dei Centri Acustici Indipendenti. L'esperienza consolidata in trent'anni di attività della moglie, titolare di un centro acustico, e la sua esperienza professionale si uniscono dando concretezza al un innovativo progetto software che guida l'imprenditore del centro acustico ad avere il costante controllo del business della sua azienda.

Massimo Lanotte, dopo aver conseguito la laurea in ingegneria al Politecnico di Torino, si trasferisce negli anni '80 a Milano dove inizia la sua esperienza nell'ambito dei Sistemi Informativi presso una società di software.

Dopo un anno, approda in KPMG Consulting dove approfondisce la sua esperienza nel settore dell'Organizzazione e dei Sistemi Informativi per Società Finanziarie e Assicurative.

Dopo otto anni accetta la sfida di entrare a far parte, in prima linea direzionale, della Banca Popolare di Lodi come responsabile dello sviluppo organizzativo. L'esperienza maturata nei sistemi organizzativi e informatici insieme al suo team contribuirono alla crescita dell'istituto grazie all'introduzione di nuove tecnologie informatiche.

Terminata l'esperienza in banca diventa imprenditore con la nascita di Audilan Business Control.

Questo libro è
stato pubblicato con

Moltiplica gli Utili del Tuo Business
con il Miglior strumento di Marketing e Branding.
Il tuo Libro in Soli 17 Giorni.

BOOKNESS
www.bookness.it